AF193341

ISÖ
Institut für
Sozialökologie

ISÖ-Text 2018-3

Medienbildung in Schleswig-Holstein außerhalb des formalen Lernens

Erich Schäfer

jena

BürgerSchule
Lokal Minderheiten
Ereignis Campus
Experimental   Schule
OffenerKanal Region
SchleswigHolstein
Werkstatt Experimental
Service Ausbildung Lokal
Campus Werkstatt
Werkstatt Ereignis
Schule **Sender**
Campus
Schule

ISÖ – Institut für Sozialökologie gemeinnützige GmbH

ISÖ – Institute for Social Ecology non-profit company

Wir bedanken uns bei den Unterstützern:

Aktion Kinder- und Jugendschutz, Landesarbeitsstelle Schleswig-Holstein e.V. (AKJS), Kiel

Büchereizentrale des Büchereivereins Schleswig-Holstein e.V., Flensburg & Rendsburg

Filmwerkstatt der Filmförderung Hamburg Schleswig-Holstein GmbH (FF HSH), Kiel

Institut für Qualitätsentwicklung an Schulen Schleswig-Holstein (IQSH), Kronshagen

LAK Medien der Medienzentren Schleswig-Holstein

Landesbeauftragter für politische Bildung, Kiel

Landesjugendring Schleswig-Holstein e.V., Kiel

Landespolizeiamt Schleswig-Holstein, Zentralstelle Polizeiliche Prävention, Ministerium für Inneres, ländliche Räume und Integration, Kiel

Landesverband der Volkshochschulen Schleswig-Holsteins e.V., Kiel

Medienanstalt Hamburg/Schleswig-Holstein (MA HSH), Norderstedt

Ministerium für Soziales, Gesundheit, Jugend, Familie und Senioren des Landes Schleswig-Holstein, Kiel

Ministerium für Bildung, Wissenschaft und Kultur des Landes Schleswig-Holstein, Kiel

Offener Kanal Schleswig-Holstein (OKSH) AöR, Kiel

Staatskanzlei des Landes Schleswig-Holstein, Kiel

Unabhängiges Landeszentrum für Datenschutz (ULD), Kiel

Verbraucherzentrale Schleswig-Holstein e.V., Kiel

Bibliographische Informationen der Deutschen Nationalbibliothek

Die Deutsche Nationalbibliothek verzeichnet diese Publikation in der Deutschen Nationalbibliographie; detaillierte bibliographische Daten sind im Internet unter http://dnb.dnb.de abrufbar.

© 2018 ISÖ – Institut für Sozialökologie gemeinnützige GmbH

Herstellung und Verlag:

BoD – Books on Demand, Norderstedt

ISBN: 978-3-75284-091-9 (Paperback)
978-3-75284-093-3 (gebunden)

ISÖ-Text 2018-3

Medienbildung in Schleswig-Holstein außerhalb des formalen Lernens

Studie im Auftrag des Offenen Kanals Schleswig-Holstein (OKSH) AöR, Kiel

Erich Schäfer

Siegburg, 17. Juli 2018

ISÖ - Institut für Sozialökologie gemeinnützige GmbH

Ringstraße 8, 53721 Siegburg

Tel.: +49 (0) 2241 1457073, Fax: +49 (0) 2241 1457039, E-Mail: info@isoe.org, Web: www.isoe.org

Coverabbildung: Christian Mertens

Der Autor:

Prof. Dr. Erich Schäfer ist Leiter des Instituts für Weiterbildung, Beratung und Planung im Sozialen Bereich iwis e.V., Coach, Organisationsberater, Hochschullehrer an der Ernst-Abbe-Hochschule Jena und Senior Fellow am ISÖ – Institut für Sozialökologie gemeinnützige GmbH.

ISÖ
Institut für
Sozialökologie

Inhaltsverzeichnis

ISÖ
Institut für
Sozialökologie

Abbildungsverzeichnis

ISÖ
Institut für
Sozialökologie

Vorwort

Die vorliegende Studie zur Medienbildung in Schleswig-Holstein außerhalb des formalen Lernens entstand im Zusammenhang mit einer Organisationsstrukturentwicklungsanalyse, die das Institut für Weiterbildung, Beratung und Planung im Sozialen Bereich e.V. im Auftrag des Offenen Kanals Schleswig-Holstein (OKSH) im Zeitraum von Mitte 2017 bis Anfang 2018 erstellt hat. Unser Dank gilt an dieser Stelle allen, die sich an den Befragungen beteiligt haben, die uns für ein Interview zur Verfügung standen, die ihre Bereitschaft bekundet haben, für Rückfragen jederzeit ansprechbar zu sein und die uns mit schriftlichen Dokumenten und Hinweisen auf ihre medienpädagogische Arbeit wichtige Einsichten in die außerunterrichtliche Medienbildung in Schleswig-Holstein gegeben haben. Ein besonderer Dank gilt dem OKSH, der uns durch seinen Leiter Peter Willers den Zugang zum Untersuchungsfeld geöffnet und uns stets aktiv unterstützt hat; er war für unsere Fragen immer als kompetenter Gesprächspartner erreichbar. Ohne die genannten Unterstützer*innen wäre die erfolgreiche Arbeit im Rahmen dieser Untersuchung nicht möglich gewesen.

Wir hoffen, dass unsere Ergebnisse dazu beitragen können, die bereits jetzt schon sehr vielfältige Landschaft der außerunterrichtlichen Medienbildung in Schleswig-Holstein kontinuierlich weiter zu entwickeln. Wenn wir durch die Empfehlungen einen Impuls geben können, über bisherige Strukturen, Prozesse und Haltungen neu nachzudenken, würden wir uns freuen. Wir wünschen allen in der Medienbildung in Schleswig-Holstein engagierten Menschen viel Erfolg bei ihrer verantwortungsvollen Aufgabe.

Einer umfassenden Medienkompetenzvermittlung, die alle lebensweltlichen Kontexte, Menschen aller Altersstufen sowie alle soziodemographischen Merkmale einbezieht, kommt angesichts der Herausforderungen der Digitalisierung eine besondere Bedeutung zu. Die Landesregierung von Schleswig-Holstein versteht sich als Wegbereiter und aktiver Gestalter der Digitalisierung, wie sie in ihrem Digitalisierungsprogramm Schleswig-Holstein (Der Ministerpräsident des Landes Schleswig-Holstein 2018) betont. Die für Digitalisierungsprojekte formulierten Prinzipien der Zugänglichkeit, Barrierefreiheit und Partizipation sind zugleich eine wichtige Richtschnur für Medienbildung. „Im Jahr 2018 wird die Staatskanzlei auf Grundlage der durchgeführten Organisationsstrukturentwicklungsanalyse einen Prozess für die Erarbeitung eines Medienkompetenzkonzeptes einleiten, der strukturelle und inhaltliche Fragen der Medienkompetenzvermittlung sowohl innerhalb der Landesregierung als auch für die exter-

ISÖ
Institut für
Sozialökologie

nen Akteure der Medienbildung klären und festlegen soll" (Der Ministerpräsident des Landes Schleswig-Holstein 2018, S. 29). Dabei sollen die Stärken des Netzwerkes Medienkompetenz Schleswig-Holstein und seiner Mitglieder intensiv genutzt werden.

An der Konzipierung, Durchführung und Auswertung der Untersuchungen waren in den unterschiedlichen Projektphasen außer dem Autor verschiedene Personen beteiligt. Wir danken Lydia Hößler, Ulrike Toetzke, Carola Wlodarski-Simsek und Maria Wörfel für die sorgfältigen Transkriptionen der Interviews. Mathias Möser hat uns bei der Führung der Interviews, der Durchführung und Auswertung der quantitativen Erhebungen, der Aufbereitung der Netzwerkanalyse sowie bei der Organisation des Projektablaufes tatkräftig unterstützt. Antje Ebersbach stand für die konzeptionelle Begleitung der Studie mit ihrem fachlichen Rat und das sorgfältige Lektorat zur Verfügung.

In diesem Bericht bemühen wir uns um einen Sprachgebrauch, der darauf abzielt, die Gleichstellung der Geschlechter zum Ausdruck zu bringen. Wir haben uns deshalb für die Verwendung des Gender-Sternchens entschieden, wie es in der digitalen Kommunikation seit einiger Zeit Anwendung findet. Wir weisen explizit darauf hin, dass die Formulierungen immer für beide Genera bzw. auch für jene Personen gelten, die sich durch eine Nennung von ausschließlich männlicher und weiblicher Form nicht angesprochen oder repräsentiert fühlen.

Der/dem eiligen Leser*in seien die Kapitel fünf, sechs und sieben empfohlen; hier finden sich eine Zusammenfassung der Ergebnisse, das Fazit sowie die Empfehlungen zur Organisationsstrukturentwicklung und Qualitätssicherung.

Als Senior Fellow des ISÖ – Institut für Sozialökologie gGmbH in Siegburg wirkte ich an einer Studie zur Zukunft der Altenhilfe in Schleswig-Holstein mit (www.zash2045.de). Die damit verbundenen Synergien führten zur Aufnahme der vorliegenden Studie in die Reihe ISÖ-Text. Für die Unterstützung danke ich dem Leiter des ISÖ, Prof. Dr. Michael Opielka.

Erich Schäfer

Einleitung

Das Ziel der hier vorgelegten Studie ist es, die vorhandene Organisationsstruktur der außerunterrichtlichen Medienbildung in Schleswig-Holstein unter besonderer Berücksichtigung der Vielzahl von aktiven freien Trägern zu beschreiben. Dabei geht es letztlich darum, Hinweise und Empfehlungen für eine Optimierung der vorhandenen Strukturen und Prozesse zu entwickeln. Dass Bildung in der digitalen Welt eine gesamtgesellschaftliche Herausforderung ist, darauf weist die Landesregierung von Schleswig-Holstein in ihrem Abschlussbericht zur Umsetzung des Projektes „Lernen mit digitalen Medien" hin. Deshalb kommt es auf ein „abgestimmtes und koordiniertes Handeln aller Akteure im Themenfeld Bildung" an (Schleswig-Holsteinischer Landtag 2017, S. 51). Die hier vorgelegte Studie liefert dafür Entscheidungsgrundlagen.

Bereits im Jahre 2009 stellte die Initiative „Keine Bildung ohne Medien" in ihrem „Medienpädagogischen Manifest" fest, dass es „nach wie vor an der Infrastruktur und an den organisatorischen Rahmenbedingungen in den Bildungseinrichtungen sowie an der medienpädagogischen Qualifikation der pädagogischen Fachkräfte" mangelt. Eine medienbezogene Bildungsarbeit findet aber nicht nur im Bildungssystem, sondern auch in Bürgermedien statt. Diese sind wichtige Träger von Medienbildung und Vermittler von Medienkompetenz (Friedrich 2017; Röll 2017; Schorb 2017). In den Bürgermedien sind seit Ende der 90er Jahre intensive Anstrengungen sowohl zur Schaffung von Infrastrukturen der Medienarbeit als auch der Fort- und Weiterbildung des Personals unternommen worden. Der Offene Kanal Schleswig-Holstein (OKSH) ist hierfür ein sehr gutes Beispiel in Deutschland. Er hat systematisch in den letzten Jahren sein außerunterrichtliches Medienbildungsangebot ausgeweitet und professionalisiert. Gerade die intensive konzeptionelle Arbeit macht deutlich, dass die Medienbildung zu einem eigenen Schlüsselprozess innerhalb der Organisationsstruktur entwickelt wurde. Bevor die Ergebnisse der Studie vorgestellt werden, soll eine kurze Verständigung über den in dieser Untersuchung zugrunde liegenden Begriff der *außerunterrichtlichen* bzw. *außerschulischen* Medienbildung erfolgen.

Bildung ist die aktive Auseinandersetzung des Menschen mit der Welt und sich selbst. Ihr Ziel ist es, Welt in ihrer Komplexität sowie die eigene Person darin zu verstehen, zu reflektieren und handlungsfähig zu sein. Bildung vollzieht sich in dem Zusammenspiel von Welt- und Selbsterkenntnis (Deutscher Ausschuss für das Erziehungs- und Bildungswesen 1960). Wenden wir uns auf der Basis dieses Bildungsverständnisses zunächst dem Begriff der *Me-*

dienbildung zu. An dieser Stelle kann nicht die vermeintliche Kontroverse um Medienkompetenz vs. Medienbildung geführt werden (Schorb 2009). In Anlehnung an Spanhel (2006) soll Medienbildung als Ziel medienpädagogischen Handelns gesehen werden, zu dessen Erlangung die Ausbildung von Medienkompetenzen erforderlich ist. In seinem Ansatz versteht Dieter Baacke (1999) die Medienkompetenz als eine „moderne Ausfaltung" der kommunikativen Kompetenz. In seinem Kompetenzmodell unterscheidet er vier Aspekte, Medienkritik, Medienkunde, Mediennutzung und Mediengestaltung (Baacke 1997). Die Bedeutung des von Baacke vorgelegten Ansatzes zeigt sich nicht zuletzt darin, dass dieser von anderen Wissenschaftler*innen aufgegriffen und zum Teil modifiziert wurde. Exemplarisch sei an dieser Stelle auf die Arbeiten von Aufenanger, Pöttinger, Schorb, Spanhel, Theunert und Tulodziecki verwiesen. Helga Theunert (1999) nimmt z. B. eine Dreiteilung vor; sie unterscheidet in Sachkompetenz (das Wissen über die Medien), Rezeptionskompetenz (die Fähigkeit, Medien kritisch zu nutzen) und Partizipationskompetenz (die Fähigkeit, Medien selbstbestimmt zu produzieren). Demgegenüber unterscheidet Gerhard Tulodziecki (1998) die folgenden fünf Aufgabenbereiche der Medienpädagogik, die auf entsprechende zugrunde liegende Kompetenzen verweisen: (1) Auswählen und Nutzung von Medienangeboten, (2) eigenes Gestalten und Verbreiten von Medienbeiträgen, (3) Verstehen und Bewerten von Medienbotschaften und Mediengestaltungen, (4) Erkennen und Aufarbeiten von Medieneinflüssen sowie (5) Durchschauen und Beurteilen von Bedingungen der Medienproduktion und Medienverbreitung. Der OKSH hat in seinen konzeptionellen Überlegungen und seiner handlungsorientierten medienpädagogischen Arbeit die Ansätze von Theunert und Tulodziecki zusammengeführt, indem die drei von Theunert unterschiedenen Kompetenzen um zwei weitere ergänzt werden, die Sensibilisierungskompetenz sowie die Interaktionskompetenz. Auf dieser Basis werden sodann die beiden Systematiken miteinander in Beziehung gesetzt. Dieses Verständnis hat Eingang gefunden in die OKSH-Förderrichtlinie für die Vermittlung von Medienkompetenz (https://www.oksh.de/hl/informieren/rechtsfragen/oksh-foerderrichtlinie-fuer-die-vermittlung-von-medienkompetenz/). In unserer Untersuchung haben wir uns deshalb bei der Frage nach den Lernzielen von medienpädagogischen Projekten und Einzelveranstaltungen daran orientiert.

Sigrid Blömeke (2001), die den kommunikations- und sozialwissenschaftlich ausgerichteten Ansatz von Dieter Baacke und die auf Lehr-Lern-Prozesse bezogene Systematik von Tulodziecki einer eingehenden vergleichenden Analyse unterzieht, schlägt auf der Basis ihrer Bewertungen ein ebenfalls aus fünf Teilkompetenzen zusammengesetztes Verständnis von medienpädagogischer Kompetenz vor: (1) mediendidaktische Kompetenz, (2) medienerzieherische Kompetenz, (3) sozialisationsbezogene Kompetenz, (4) Schulentwicklungskompetenz und (5) eine Basiskompetenz zum sozialverantwortlichen Handeln im Zusammenhang mit Medien und Informationstechnologien.

Abschließend sei darauf verwiesen, dass der in den Systematisierungsversuchen zugrunde gelegte Medienbegriff häufig auf technische Verbreitungs-, Verarbeitungs- und Speichermedien eingeengt wird, worauf Sandbothe (2001) hinweist, der neben diesen noch semiotische Informations- und Kommunikationsmedien sowie sinnliche Wahrnehmungsmedien unterscheidet. Aus soziologischer Perspektive betont Opielka (2006) ohnehin einen breiten Medienbegriff. All diese Medien sind in ihrer interdependenten Verflochtenheit Inhalt, Gegenstand und auch Medium einer Medienbildung, deren Intention es ist, die Potenziale der unterschiedlichen Medien zu verstehen, kritisch zu beurteilen, zu nutzen und zu gestalten, um auf diese Weise am sozialen Leben in der Gesellschaft teilzuhaben.

Medienbildung ist heute eine unabdingbare Voraussetzung dafür, dass Menschen lebenslang lernen (Schäfer 2017). Die digitale Welt wird zunehmend zum Diskurs- und Handlungsfeld der Medienbildung (Gapski et al. 2018, S. 39 ff.). Sie soll dem Menschen helfen, sich zu orientieren (Krotz 2018; Bröckling 2018) und digitale Souveränität (Krüger 2018, S. 19) zu erlangen. Dabei stellt sich die Frage, wie sich Medienbildung weiter entwickeln wird: „entweder immer mehr zu einem Ausbildungs- und Reparaturbetrieb des digitalen Kapitalismus für die berufsbezogene Anwendung digitaler Technologien und deren ‚Risiken und Nebenwirkungen' (…) oder (…) als kritisch-reflexive Begleitung von medienbezogenen Bildungs- und Lernprozessen (…), die Formen einer aktiv-produktiven Mediennutzung und -gestaltung mit einer kritisch-reflexiven Aneignung von gesellschaftlichem und digital-medialem Strukturwissen verknüpft." (Niesyto 2017, S. 21). Wenn sich Medienpädagogik und Medienbildung „verstärkt mit strukturellen Fragen der Digitalisierung in Verbindung von Medien- und Gesellschaftskritik befassen" (ebd.) soll, gilt es einer „technisch-instrumentellen Verkürzung des Bildungsbegriffs auch und gerade in Bezug auf Big Data als tief wirkendes und facettenreiches Phänomen der digitalen gesellschaftlichen Transformation entgegenzuwirken" (Gapski et al. 2018, S. 21). Angesichts von Algorithmenmacht, Fake News und Hate Speech (Rakebrand & Nitzsche 2018) wird es in den nächsten Jahren darauf ankommen, eine digitale Werteordnung (Thimm 2018) in einem partizipativen Prozess zu gestalten; sich hieran aktiv zu beteiligen, ist auch die Medienbildung herausgefordert.

Wollen wir ein Verständnis von *außerunterrichtlicher bzw. -schulischer* Medienbildung entwickeln, ist es zunächst erforderlich, sich mit dem internationalen Begriffsverständnis zu beschäftigen, das von den EU-Institutionen (Europäische Kommission 2001) und der OECD geprägt wird; demzufolge unterscheiden wir heute zwischen dem formalen, nichtformalen und informellen Lernen. Als Kriterien für die Abgrenzung dieser drei Arten von Lernen sind insbesondere das Ausmaß der Organisation und Struktur, die Intentionalität sowie die Zertifizierung zu nennen. Zum formalen Lernen gehören die Systeme der allgemeinen Bildung, der beruflichen Erstausbildung und der Hochschulbildung. Informelles Lernen beschreibt einen Lernprozess, der in den Lebenszusammenhängen des Alltags stattfindet. Nichtformales Lernen bezeichnet einen Lernprozess, der im Rahmen planvoller Tätigkeiten stattfindet und bei dem das Lernen in einer bestimmten Form unterstützt wird. Demzufolge gehört die außerunterrichtliche bzw. -schulische Bildung, die Teil des Weiterbildungssektors ist, zum Bereich des nichtformalen Lernens. Die Weiterbildung weist im Unterschied zur schulischen und beruflichen Bildung sowie auch zum Studium einige Besonderheiten auf, die es zu berücksichtigen gilt. Hierzu gehören, wie in dem Strategiepapier „Bildung in der digitalen Welt" der Kultusministerkonferenz (2017, S. 55 f.) ausgeführt wird, die Diversität der Lehrenden, die Lehrplanfreiheit und der niedrige Formalisierungsgrad, die geringe staatliche Regulierung sowie die Pluralität des Weiterbildungssektors. All diese Punkte kennzeichnen auch die Situation der außerschulischen und außerunterrichtlichen Medienbildung in Schleswig-Holstein.

Wenn von außerschulischer Bildung die Rede ist, wird der Fokus häufig auf die außerschulische Kinder- und Jugendbildung eingegrenzt. In Zeiten des lebenslangen Lernens ist dies allerdings problematisch, was uns hier aber zunächst nicht weiter beschäftigen soll. Bereits Griese (2003, S. 23) hat festgestellt, dass im Feld der „Außerschulische(n) Jugendbildung' (AJB) (...) vollkommene Begriffsdiffusität (herrscht). Da ist vor allem die Rede von ‚Jugendarbeit' und ‚Jugend-bildung', aber auch von ‚Jugend-bildungs-arbeit' oder ‚Jugend-sozial-arbeit' und schließlich von ‚Außerschulischer Jugendbildung'". Nach §11 des Kinder- und Jugendhilfegesetzes (SGB VIII) ist die außerschulische Jugendbildung ein Bereich der Jugendarbeit. Sie umfasst die allgemeine, politische, soziale, gesundheitliche, kulturelle, naturkundliche und technische Bildung. Die außerschulische Kinder- und Jugendbildung umfasst also den gesamten pädagogischen Handlungsbereich der Lebenswelten von Kindern und Jugendlichen in Familie, Freizeit und Bildung.

Den Terminus der ‚außerschulischen Bildung' als Teilbereich des nichtformalen Lernens gilt es noch genauer zu betrachten. Das formale Lernen in der Schule vollzieht sich nach den durch Lehrpläne vorgegebenen curricularen Strukturen innerhalb des Settings von Unterricht. Innerhalb der Institution Schule existieren aber auch ergänzende und freiwillige Angebote, die in einer gewissen zum Teil sehr lockeren Kopplung mit dem offiziellen Lehrstoff im Rahmen des formalen Lernens stehen, aber innerhalb der Mauern der Institution Schule stattfinden. Im strengen Sinne handelt es sich hierbei nicht um ein außerschulisches, sondern ein außerunterrichtliches Bildungsangebot, das außerhalb schulischer, beruflicher und studiengangsbezogener Curricula realisiert wird. Da genau diese Angebote in das Untersuchungsfeld dieser Studie fallen, soll im Folgenden von *außerunterrichtlichen Medienbildungsangeboten* gesprochen werden.

Für die Zielgruppe der nicht schulpflichtigen Adressat*innen und Teilnehmer*innen von Medienbildung können wir hingegen weiterhin von *außerschulischer Medienbildung* sprechen, da hier der Begriff des außerunterrichtlichen missverstanden werden könnte, insofern bspw. auch bei Volkshochschulkursen oder anderen Erwachsenenbildungseinrichtungen zum Teil von „Unterricht" gesprochen wird. Da sich die hier zu untersuchenden Medienbildungsangebote, neben der Zielgruppe der Multiplikator*innen, schwerpunktmäßig an schulpflichtige Kinder- und Jugendliche richten, werden wir in dieser Studie von außerunterrichtlichen Medienbildungsangeboten sprechen.

Diese Studie konzentriert sich auch deshalb auf außerunterrichtliche Medienbildung, weil der Auftraggeber dies so definiert hat. Für den schulischen Bereich liegen mit dem Abschlussbericht im Rahmen der wissenschaftlichen Begleitung der Evaluation des Projektes „Lernen mit digitalen Medien" in Schleswig-Holstein (Gerick & Eickelmann 2017) bereits Erkenntnisse vor, die nun durch den Blick auf den außerunterrichtlichen und außerschulischen Sektor ergänzt werden. Erfasst werden auf diese Weise sowohl Aktivitäten an der Schule, aber außerhalb des Unterrichts, als auch Aktivitäten – dann mit Bürgerinnen und Bürgern jeden Alters – außerhalb der Schule. Dabei geht es letztlich darum, Hinweise und Empfehlungen für eine Optimierung der vorhandenen Strukturen und Prozesse zu entwickeln.

Die Anlage der Studie sah drei aufeinanderfolgende zeitliche Abschnitte vor (Dokumentations- Analyse- und Priorisierungsphase), in denen die unterschiedlichen Untersuchungsfelder im Mittelpunkt der Untersuchung standen, die in den nachfolgenden Kapiteln im Einzelnen skizziert werden.

In der *Dokumentationsphase* stand die Datenerhebung gemäß den vorgegebenen Zielstellungen im Vordergrund. Im Einzelnen kamen folgende Verfahren zum Einsatz: Dokumentenanalysen, qualitative Interviews mit Funktionsträger*innen und Stakeholder*innen, Internetrecherchen, schriftliche und Online-Befragungen sowie Netzwerkanalysen. Die Erfassung des außerunterrichtlichen Medienbildungsangebotes der Mitglieder des Netzwerkes Medienkompetenz Schleswig-Holstein erfolgte zum einen über einen Fragebogen, der nach Projekten, Einzelveranstaltungen und dem Gesamtangebot differenziert war. Unter Projekten verstehen wir jene Angebote, die kontinuierlich bzw. regelmäßig unterbreitet werden. Über den Kreis der Mitglieder des Netzwerkes Medienkompetenz hinaus wurden mit einer Online-Befragung weitere Anbieter von Medienbildung mit den 71 anerkannten Trägern und Einrichtungen der Weiterbildung in Schleswig-Holstein sowie den außerschulischen Mitgliedern der vier Regionalkonferenzen des Netzwerkes Medienkompetenz erfasst. Der Untersuchungszeitraum der Erhebung der außerunterrichtlichen Medienbildungsangebote erstreckt sich auf das Jahr 2016 sowie das erste Halbjahr 2017. Zusätzlich erfolgte noch eine Internetrecherche, in drei für Medienbildungsangebote in Schleswig-Holstein besonders einschlägigen Datenbanken nach aktuellen, im Herbst 2017 auffindbaren, außerunterrichtlichen Medienbildungsangeboten.

Die quantitativen Untersuchungen wurden durch einen qualitativen Teil ergänzt und vertieft. Hierzu wurden leitfadengestützte Expert*inneninterviews mit allen 16 Mitgliedseinrichtungen der Lenkungsgruppe des Netzwerks Medienkompetenz Schleswig-Holstein, drei Vertreter*innen der Regionalkonferenzen des Netzwerks Medienkompetenz Schleswig-Holstein, zwei Mitgliedern des OKSH-Beirates sowie drei externen Expert*innen in Sachen Medienbildung geführt. Insgesamt fanden 25 Interviews statt; davon 19 als persönliche Interviews vor Ort und sechs als Telefoninterviews. Die Interviews dauerten in der Regel zwischen 45 und 120 Minuten und wurden anschließend alle transkribiert und inhaltsanalytisch ausgewertet.

In die qualitativen Interviews mit den Mitgliedern der Lenkungsgruppe des Netzwerkes Medienkompetenz Schleswig-Holstein war eine Netzwerkanalyse integriert. Hier ging es darum, eine jeweils subjektive Sichtweise auf das Beziehungsnetzwerk der Medienbildung in Schleswig-Holstein zu gewinnen. Gefragt wurde dabei nach dem ganz individuellen Netzwerk der Interviewten vor dem Hintergrund der eigenen Aktivitäten in Bezug auf Medienbildung. In einem Teil der Interviews wurden die subjektiven Netzwerkkarten direkt während des Interviews von den Befragten angefertigt; in jenen Fällen, in denen die Zeit dies nicht zuließ oder die Interviewpartner*innen um mehr Bedenkzeit für die Erstellung ihrer Netzwerkkarte gebeten haben, wurde uns diese nachträglich zugeschickt.

In der *Analysephase* wurden die gewonnen Daten der quantitativen und qualitativen Erhebungen entsprechend der Zielstellung der Untersuchung einer eingehenden Auswertung unterzogen.

In der *Priorisierungsphase* ging es zunächst darum, die unterschiedlichen Analysen im Zusammenhang zu betrachten und daraus Hinweise zur Optimierung der Organisationsstruktur der Medienbildung in Schleswig-Holstein – unter Wahrung der Autonomie der Träger – abzuleiten. Auch wenn die unterschiedlichen Angebote zur Medienbildung in Schleswig-Holstein von unterschiedlichen Akteuren erbracht werden, so sollen sie in ihrer Gesamtheit doch ein in sich schlüssiges, den erwähnten Kriterien gerecht werdendes Angebot darstellen.

In den Kapiteln eins bis vier werden die unterschiedlichen Untersuchungen in ihrer Anlage und den erzielten Ergebnissen vorgestellt. Das fünfte Kapitel fasst die Resultate zusammen, um sie im sechsten Kapitel, dem Fazit, zu verdichten und systematisch aufzubereiten. Abschließend werden Empfehlungen zur Organisationsstrukturentwicklung und Qualitätssicherung gegeben (Kapitel 7).

1 Die außerunterrichtliche Medienbildung in Schleswig-Holstein

Um ein möglichst umfassendes Bild von der außerunterrichtlichen Medienbildung in Schleswig-Holstein zu gewinnen, fand die Annäherung an den Forschungsgegenstand sowohl mittels quantitativer als auch qualitativer Untersuchungsverfahren statt. Die quantitativen Erhebungen erfolgten in drei – zum Teil zeitgleichen – Schritten, in denen der Kreis der Befragten systematisch erweitert wurde. Erstens wurden die Mitgliedseinrichtungen der Lenkungsgruppe des Netzwerkes Medienkompetenz mittels eines Fragebogens hinsichtlich ihrer Projektangebote und Einzelveranstaltungen befragt. Zweitens fand eine Online-Befragung der anerkannten Träger und Einrichtungen der Weiterbildung sowie der außerschulischen Mitglieder der Regionalkonferenzen des Netzwerkes Medienkompetenz statt. Drittens wurden über eine Internetrecherche einschlägige Weiterbildungsdatenbanken erforscht, in denen Medienbildungsangebote in Schleswig-Holstein unterbreitet werden. In der im Anschluss an die quantitativen Befragungen durchgeführten qualitativen Untersuchung wurden mit allen Mitgliedern der Lenkungsgruppe des Netzwerkes Medienkompetenz, ausgewählten Vertreter*innen der Regionalkonferenzen des Netzwerkes Medienkompetenz sowie externen Expert*innen Leitfadeninterviews durchgeführt, in denen die Fragen aus den quantitativen Untersuchungen vertieft und ergänzend behandelt wurden. Im Folgenden wird auf die Ergebnisse der skizzierten Untersuchungen nacheinander eingegangen. Der Untersuchungszeitraum umfasst das gesamte Jahr 2016 und das erste Halbjahr 2017; dies gilt es bei der vergleichenden Betrachtung der Werte für die beiden Jahre zu berücksichtigen.

1.1 Ergebnisse der Analyse der Medienbildungsangebote des Netzwerks Medienkompetenz

Mittels eines Fragebogens, der erstens nach Projekten, zweitens Einzelveranstaltungen und drittens dem Gesamtangebot an außerunterrichtlicher Medienbildung differenziert, wurden alle Mitgliedseinrichtungen der Lenkungsgruppe des Netzwerks Medienkompetenz Schleswig-Holstein – außer der Staatskanzlei und den Ministerien – zu ihren außerunterrichtlichen Medienbildungsangeboten befragt. Es wurde versucht, von allen Mitgliedseinrichtungen der

Lenkungsgruppe eine Rückmeldung zu erhalten, was – bis auf einen Fall – auch gelungen ist. Im Folgenden werden wir auf die drei Teile der Befragung der Mitgliedseinrichtungen der Lenkungsgruppe des Netzwerks Medienkompetenz gesondert eingehen. Um angesichts der unterschiedlichen Teilaspekte der Befragung stets den Überblick zu gewährleisten, wird im Anschluss an die inhaltlichen Bezeichnungen der Abbildungen jeweils angegeben, auf welchen Teil der Befragung sich die Ergebnisse beziehen. Unterschieden wird deshalb zwischen (1) dem Fragebogen Netzwerk Projekte, (2) dem Fragebogen Netzwerk Einzelveranstaltungen und (3) dem Fragebogen Netzwerk Gesamtangebot.

1.1.1 Ergebnisse zu den Projektangeboten

Die Vorstellung der Befragungsergebnisse zu den Projektangeboten greift zunächst die makrodidaktischen Aspekte der Planung und Disposition auf und thematisiert in diesem Kontext die Fragen der angestrebten Zielgruppen, der Zuordnung zu einem bestimmten Bildungsbereich, des Umfangs und der Dauer sowie des angestrebten Einzugsbereichs. Im Anschluss daran wenden wir uns den mikrodidaktischen Aspekten zu; hier interessierten die Fragen, wer mit dem Projektangebot wirklich erreicht wird, welche Inhalt und Themen behandelt werden, welche Lernziele angestrebt werden, welche Veranstaltungsformen praktiziert werden und welche pädagogischen Methoden zum Einsatz kommen. Abschließend wird dann noch auf Rahmenbedingungen eingegangen; dabei geht es um die Frage der Barrierefreiheit bzw. Barrierearmut, der Kosten, der Inanspruchnahme von Freistellungsregelungen, der Träger- bzw. Einrichtungskooperationen sowie von konstatierten Veränderungen.

Die Mitglieder der Lenkungsgruppe des Netzwerkes Medienkompetenz Schleswig-Holstein haben insgesamt 93 Projekte genannt. Diese Projekte sind auf der Internetseite des Netzwerks Medienkompetenz Schleswig-Holstein, die der Offene Kanal Schleswig-Holstein (OKSH) betreut, unter den einzelnen Mitgliedern des Netzwerkes Medienkompetenz Schleswig-Holstein dokumentiert. In den ersten beiden Fragen wollten wir wissen, an welche Einzelpersonen bzw. Gruppen sich die Projekte richten.

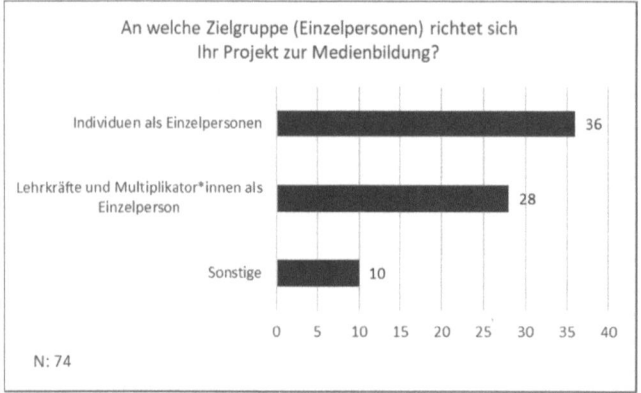

Abbildung 1: Zielgruppe Einzelpersonen (Netzwerk Projekte)[1]

Sofern sich die Projekte an Einzelpersonen richten, dominieren eindeutig Lehrkräfte sowie Multiplikator*innen. Zu dieser Kategorie lassen sich ganz überwiegend auch die unter der Kategorie „sonstige Einzelpersonen" gemachten Angaben zählen; hier finden sich Diplompä-dagog*innen, Mitarbeiter*innen von Büchereien, Menschen in der ambulanten Jugend- bzw. Familienhilfe, Erziehungsberechtigte, Eltern allgemein sowie Eltern mit ihren Kindern von zwei bis drei Jahren.

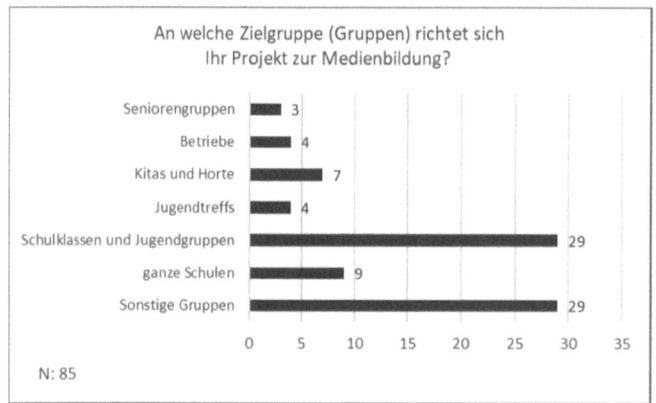

Abbildung 2: Zielgruppe Gruppen (Netzwerk Projekte)

---

[1] Diese wie auch alle folgenden Abbildungen stammen aus dem Projekt der Organisationsstrukturentwicklungs-analyse zur außerunterrichtlichen Medienbildung in Schleswig-Holstein.

Die gruppenbezogenen Projekte richten sich überwiegend an Schulklassen und Jugendgruppen sowie an Lehrkräfte und Multiplikator*innen. Wenn hier Schulklassen und Jugendgruppen in einer Kategorie zusammengefasst werden, dann hat das den Grund darin, dass diese Untersuchung ausschließlich auf die außerunterrichtlichen Medienbildungsangebote fokussiert ist und die sonst übliche Unterscheidung von Schulklassen einerseits sowie Kinder- und Jugendgruppen andererseits hier keine Bedeutung hat. In der Kategorie „sonstige Gruppen" werden u.a. die folgenden Gruppen namentlich benannt:

• Dozent*innen, die mit Menschen mit kognitiven Einschränkungen und Hörgeschädigten arbeiten,
• Träger der sozialpädagogischen Familienhilfe,
• Studierende bzw. Auszubildende im sozialpädagogischen Bereich,
• Mitarbeiter*innen in Erziehungsberatungsstellen,
• Musikschulen und Musikgruppen,
• Volkshochschulkurse zur Alphabetisierung und Grundbildung,
• Lehrkräfte und Multiplikator*innen,
• In der Kinder- und Jugendarbeit Tätige,
• Erzieher*innen sowie
• Familien und Eltern.

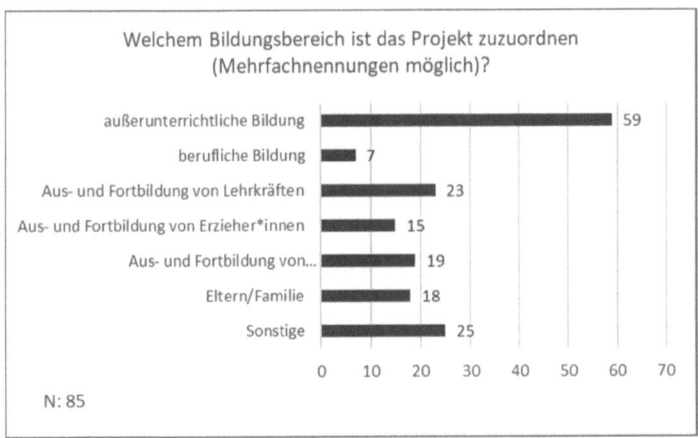

Abbildung 3: Bildungsbereich (Netzwerk Projekte)

Von den genannten Projekten werden 35,5 % der außerunterrichtlichen Bildung, 13,9 % der Aus- und Fortbildung von Lehrkräften, 11,5 % der Aus- und Fortbildung von Sozialpäda-

gog*innen, 10,8 % der Aus- und Fortbildung von Eltern/Familien sowie 9 % der Aus- und Fortbildung von Erzieher*innen zugeordnet. Unter die Kategorie der „Sonstigen" fallen: VHS-
Lehrkräfte, Mitarbeiter*innen aus Büchereien, Fortbildung von Psycholog*innen sowie Fortbildung ehrenamtlich Tätiger.

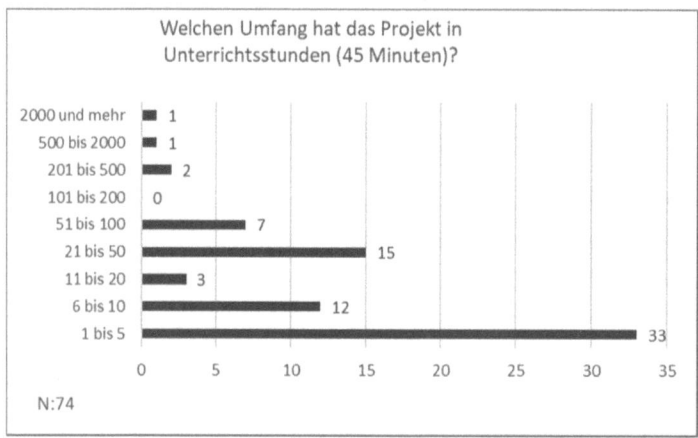

Abbildung 4: Umfang der Projekte in Unterrichtsstunden (Netzwerk Projekte)

Die Projekte haben in 61 % der Fälle einen Umfang von bis zu zehn Unterrichtsstunden, bei
weiteren 34 % bis zu 100 Unterrichtsstunden und nur wenige dauern länger.

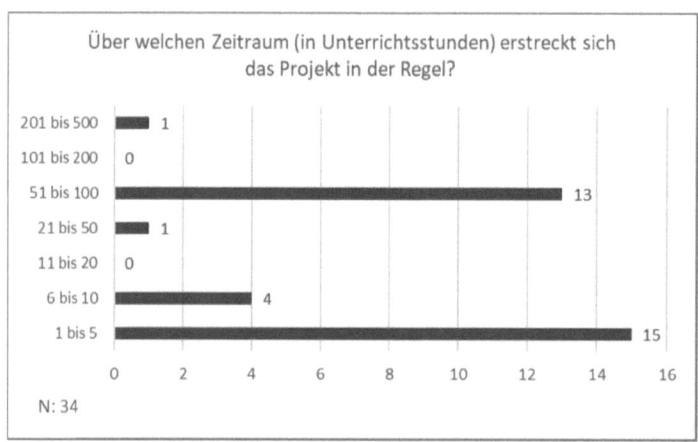

Abbildung 5: Zeitraum in Unterrichtsstunden (Netzwerk Projekte)

Es dominieren sowohl kürzere Projekte mit einem Umfang von ein bis fünf Unterrichtsstunden als auch längere mit 51 bis 100 Unterrichtsstunden. Allerdings wird diese Frage lediglich von gut einem Drittel der Projekte beantwortet.

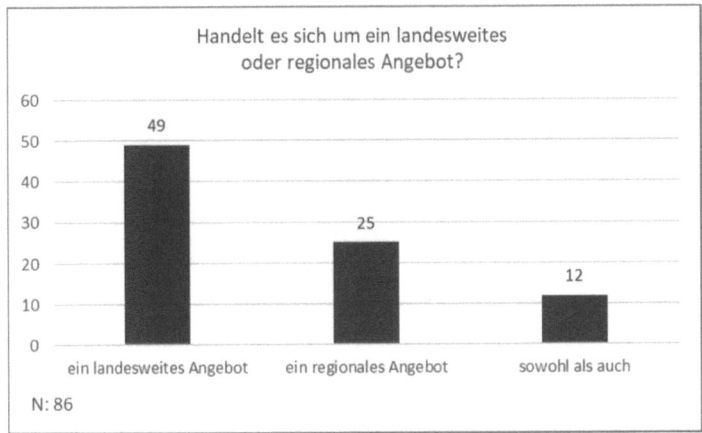

Abbildung 6: Regionaler Bezug der Projekte (Netzwerk Projekte)

Bei den Projektangeboten überwiegen die landesweiten Angebote; sie sind fast doppelt so häufig vertreten gegenüber den regionalen.

Nach der bisherigen Beschäftigung mit den makrodidaktischen Aspekten folgt nun die Auseinandersetzung mit den mikrodidaktischen Dimensionen.

ISÖ
Institut für
Sozialökologie

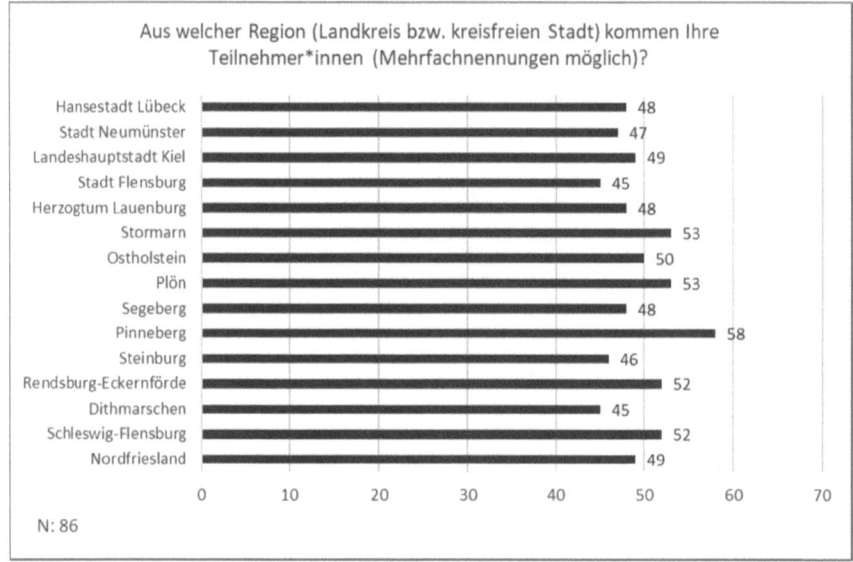

Abbildung 7: Regionale Herkunft (Netzwerk Projekte)

Disparitäten in Bezug auf das Einzugsgebiet der Projektteilnehmer*innen lassen sich aus der schriftlichen Befragung im Unterschied zu den Einschätzungen in den qualitativen Interviews nicht feststellen.

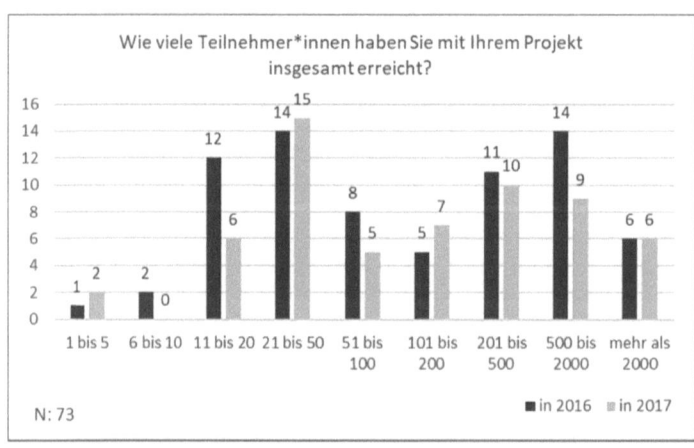

Abbildung 8: Erreichte Teilnehmer*innen (Netzwerk Projekte)

Es lässt sich erkennen, dass zum einen Veranstaltungsgrößen mit bis zu 50 und zum anderen solche ab 200 Teilnehmer*innen dominieren. Um die Aussagekraft dieser Angaben beurteilen zu können, ist es wichtig zu berücksichtigen, dass nur von knapp einem Drittel der Projekte hierzu Antworten vorliegen.

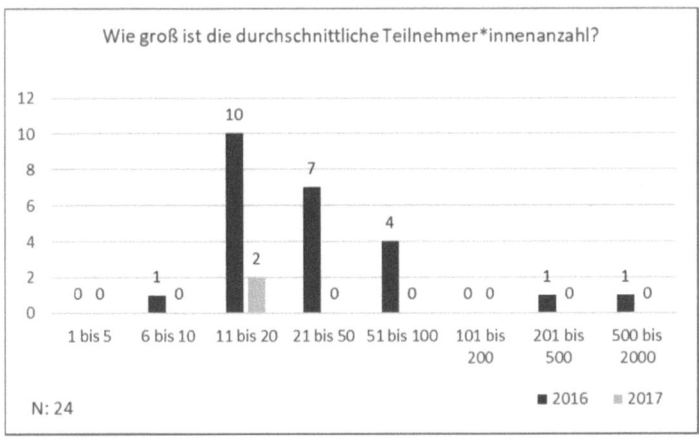

Abbildung 9: Durchschnittliche Teilnehmer*innenanzahl (Netzwerk Projekte)

Bezogen auf die durchschnittliche Teilnehmer*innenzahl der Projekte liegt der Schwerpunkt eindeutig bei Veranstaltungsgrößen zwischen elf und 50 Personen.

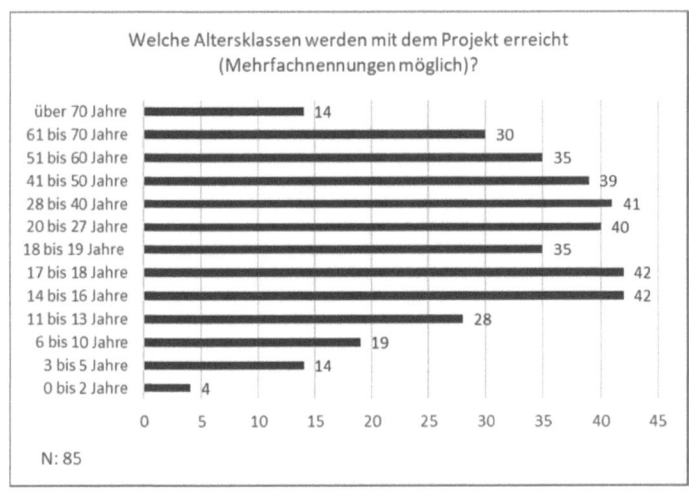

Abbildung 10: Erreichte Altersgruppen (Netzwerk Projekte)

In der Altersstruktur spiegelt sich das Zielgruppenspektrum der Projektangebote wieder. Die überwiegende Zielgruppe der Projekte sind Kinder und Jugendliche; danach folgen Multiplikator*innen, die sich über die gesamte berufliche Lebensspanne verteilen. Sofern Teilnehmer*innen von Medienbildungsangeboten erreicht werden, die nicht mehr im aktiven Berufsleben stehen, werden diese als ehrenamtliche Multiplikator*innen oder interessierte Bürger*innen erreicht (vgl. Abb. 1 und 2).

Hinsichtlich der Geschlechtszugehörigkeit der Teilnehmer*innen in den Projekten gilt es festzuhalten, dass der Frauenanteil mit 53 % leicht höher als der von den Männern ist.

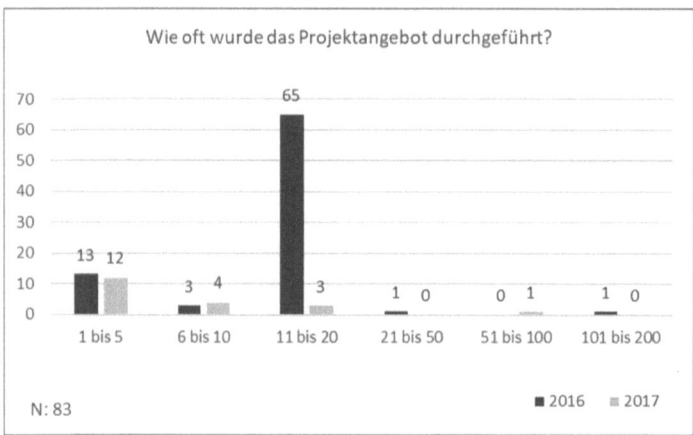

Abbildung 11: Häufigkeit der Durchführung des Projektangebotes (Netzwerk Projekte)

Die genannten Projekte werden in der Regel zwischen zehn- bis 20mal durchgeführt.

26

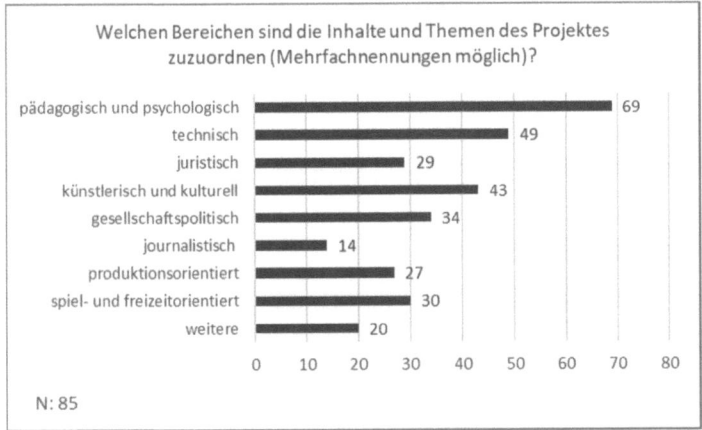

Abbildung 12: Inhalte und Themen der Projekte (Netzwerk Projekte)

Gefragt nach den Inhalten und Themen der Projekte werden mit Abstand pädagogische und psychologische am häufigsten genannt, danach folgen technische sowie künstlerische und kulturelle.

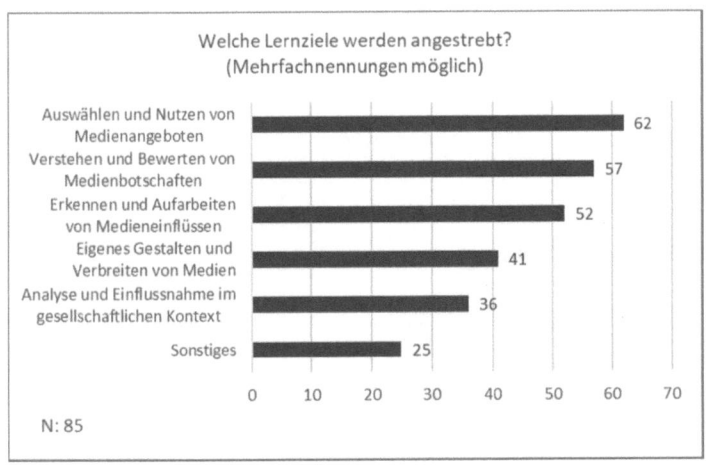

Abbildung 13: Lernziele des Projektangebotes (Netzwerk Projekte)

Die Unterscheidung der Lernziele orientiert sich an dem Verständnis medienpädagogischer Kompetenzen von Tulodziecki (1998) und Theunert (1999). Hier ergibt sich folgende Rang-folge: (1) Auswählen und Nutzen von Medienangeboten, (2) Verstehen und Bewerten von

ISÖ
Institut für
Sozialökologie

Medienbotschaften, (3) Erkennen und Aufarbeiten von Medieneinflüssen. Mit etwas Abstand folgen dann (4) Eigenes Gestalten und Verbreiten von Medien sowie (5) Analyse und Einflussnahme im gesellschaftlichen Kontext.

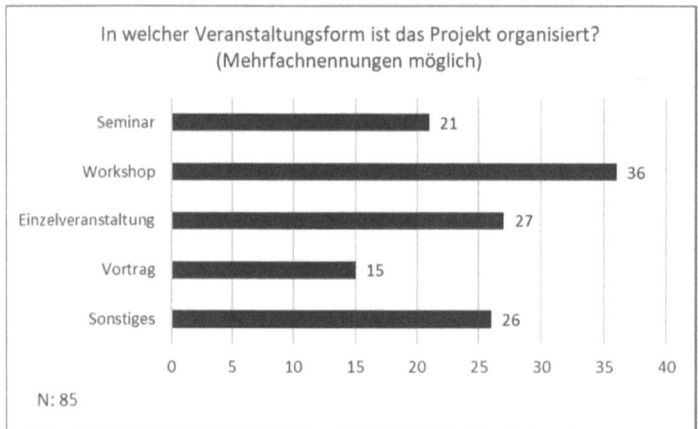

Abbildung 14: Veranstaltungsform des Projektes (Netzwerk Projekte)

Hinsichtlich der Veranstaltungsformen sind Seminare und Workshops etwas stärker vertreten als Einzelveranstaltungen und Vorträge. Unter „Sonstige Veranstaltungsform" finden sich u.a. Hinweise auf moderierte Diskussion, Webinar, Filmfestival, mobiles Kinderkino, Erzähltheater Kamishibai, Lesung, Jugendcamp und Wettbewerb.

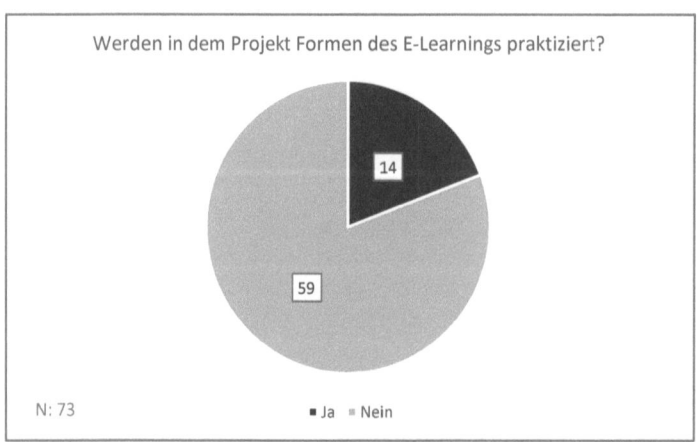

Abbildung 15: E-Learning in Projekten (Netzwerk Projekte)

Dass Formen von E-Learning in den Projekten praktiziert werden, wird insgesamt 14mal angegeben; in nahezu allen dieser Fälle wird E-Learning dabei in Form des Blended-Learnings
praktiziert. Gemeint sind damit Formen integrierten Lernens, bei denen die Vorteile von Prä-
senzveranstaltungen mit E-Learning-Angeboten kombiniert werden. Erwähnung findet die
Einbindung der E-Learning-Portale des Deutschen Volkshochschul-Verbandes „ich-will-
lernen.de" und „ich will-deutsch-lernen.de". In freien Einträgen wird darauf verwiesen, dass
Betroffene niedrigschwellig an die Kurs- und Medienangebote der Büchereien und Volkshochschulen herangeführt werden sollen. Gleichzeitig werde über Blended-Learning die Möglichkeit geboten, Alphabetisierungskurse der Volkshochschulen inhaltlich zu ergänzen. Des
Weiteren wird auf die Rallye über QR-Codes mit Smartphones und Tablets sowie die Bil-
dungs-App Actionbound hingewiesen.

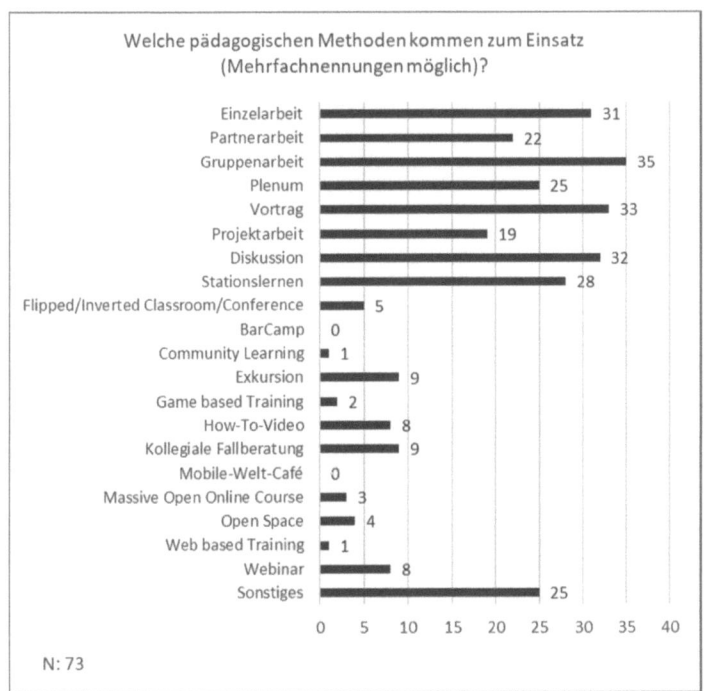

Abbildung 16: Pädagogische Methoden (Netzwerk Projekte)

Beim Blick auf die zum Einsatz kommenden pädagogischen Methoden fällt auf, dass eher
traditionelle Methoden den Projektalltag bestimmen. In der Kategorie „Sonstiges" finden

noch folgende Methoden Erwähnung: künstlerische, spielerische, reflexive Aufarbeitung eines Kinderfilms, Erlernen des Förderablaufs wie bei großen Filmförderungen, Filmsichtung wertschätzend besprechen sowie Filmgespräch mit einem Filmemacher führen.

Abschließend wird auf einige Rahmenbedingungen der außerunterrichtlichen Medienbildungsangebote eingegangen.

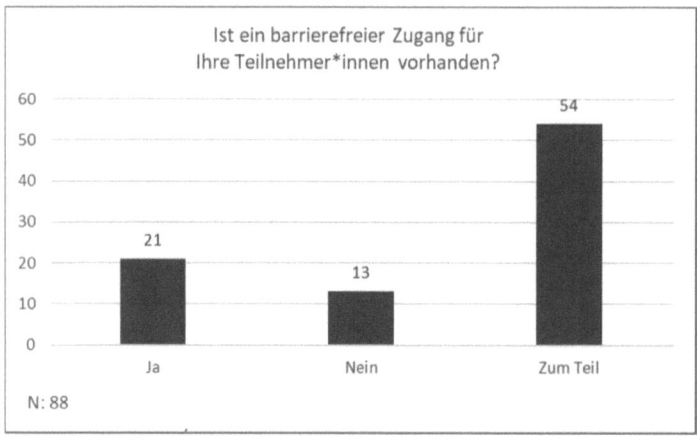

Abbildung 17: Barrierefreier Zugang (Netzwerk Projekte)

Ein barrierefreier bzw. barrierearmer Zugang für die Teilnehmer*innen an Projekten ist lediglich in 23,9 % der Fälle gesichert.

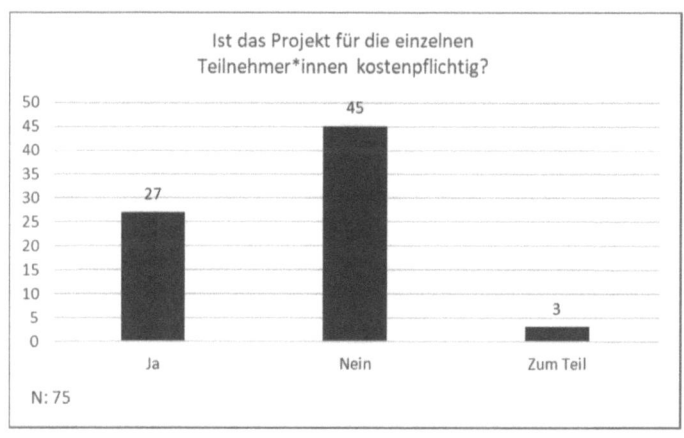

Abbildung 18: Kosten für die Teilnehmer*innen (Netzwerk Projekte)

Die Projekte sind in ihrer überwiegenden Mehrheit (60 %) für die Teilnehmer*innen nicht kostenpflichtig.

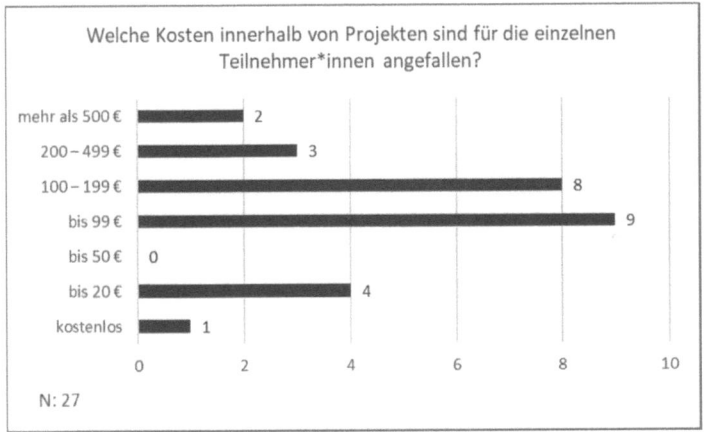

Abbildung 19: Anfallende Kosten (Netzwerk Projekte)

Wenn Kosten für die Teilnehmer*innen anfallen, dann liegen diese in 63 % der Fälle, in denen überhaupt Kosten entstehen, zwischen 51 und 199 €. Kosten fallen für Unterkunft und Verpflegung, Reisekosten sowie ggf. Materialien an. Die Höhe der entstehenden Kosten liegt bei einem Mittelwert von 134,54 €. Der maximale Wert, der für Kosten angegeben wird, beträgt 600 €. Dabei ist zu berücksichtigen, dass lediglich von knapp einem Drittel der Projekte hierzu Antworten vorliegen.

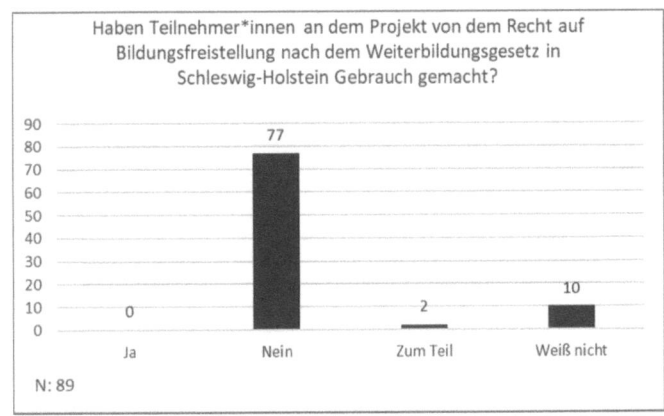

Abbildung 20: Inanspruchnahme von Bildungsfreistellung (Netzwerk Projekte)

Institut für
Sozialökologie

Von dem Recht auf Bildungsfreistellung wird von den Teilnehmer*innen an Projekten so gut wie kein Gebrauch gemacht.

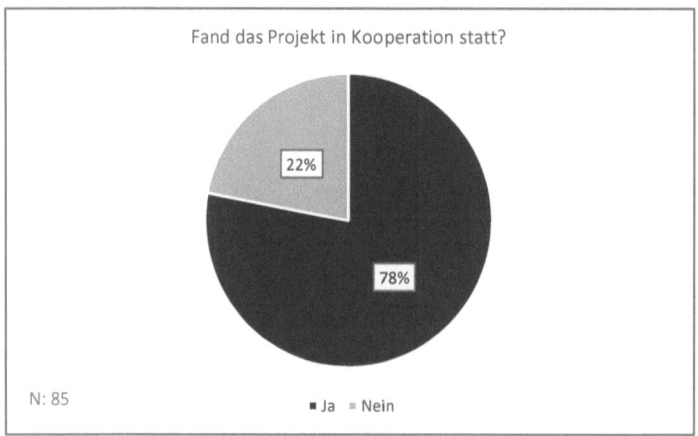

Abbildung 21: Kooperation (Netzwerk Projekte)

Die genannten Projekte finden zu 78 % in Kooperation mit anderen Einrichtungen und Trägern statt. Bezüglich der Kooperationspartner sei auf die in Kapitel vier aufgelisteten Netzwerkpartner verwiesen.

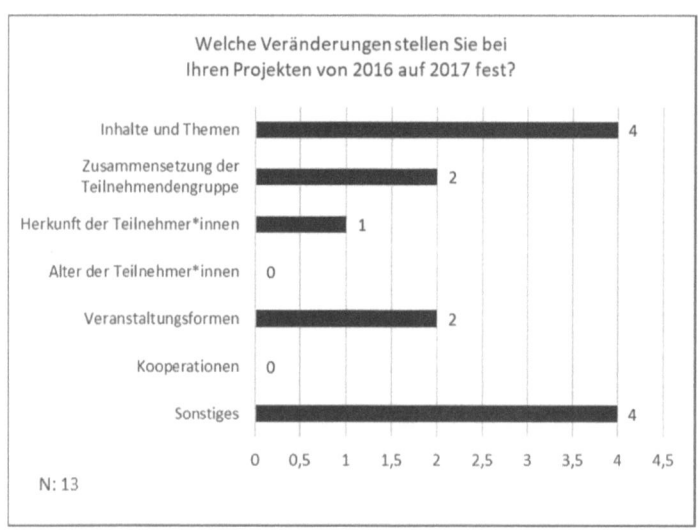

Abbildung 22: Veränderungen (Netzwerk Projekte)

Institut für
Sozialökologie

Die Frage zu der Einschätzung bezüglich der Veränderungen zwischen den Jahren 2016 und 2017 haben lediglich 13 Projekte beantwortet. Sofern in den genannten Kategorien Veränderungen konstatiert wurden, dann gilt es zum einen die insgesamt steigende Nachfrage nach außerschulischen Medienbildungsangeboten sowie die Einbeziehung aktueller Themen wie Fake-News und Filterblasen zu nennen.

In einer abschließenden Frage zu dem Projektteil hatten die Befragten die Möglichkeit, zu ihnen wichtig erscheinenden Aspekten Stellung zu nehmen; hiervon wurde jedoch wenig Gebrauch gemacht. In den wenigen Stellungnahmen wird mehrfach darauf hingewiesen, dass sich bestimmte Projekte in der Testphase befinden bzw. die Absicht besteht, Projekte perspektivisch aus dem Projektstatus in ein langfristiges Angebot zu überführen. Einmal wird die Bereitstellung/Nutzung eines speziellen Medienangebotes für Geflüchtete und Migrant*innen angemahnt.

1.1.2 Ergebnisse zu den Einzelveranstaltungen

In diesem Abschnitt wird unter einem anderen Aspekt auf die Medienbildungsangebote der Mitglieder der Lenkungsgruppe des Netzwerkes Medienkompetenz Schleswig-Holstein geblickt. Während im letzten Abschnitt der Fokus auf den Projekten lag, die auf einen längeren Zeitraum und eine wiederholte Durchführung abzielen, blicken wir nun auf die Einzelveranstaltungen. Diese können sowohl innerhalb als auch außerhalb von Projekten stattfinden. Für diesen Teil der Analyse des Medienbildungsangebotes liegen elf auswertbare Fragebögen vor. Da die Projektangebote für die Mitglieder der Lenkungsgruppe des Netzwerkes Medienkompetenz Schleswig-Holstein in der Regel einen höheren Stellenwert als die Einzelangebote haben, beschränkt sich die Untersuchung zu letzteren auf einige zentrale makrodidaktische Aspekte.

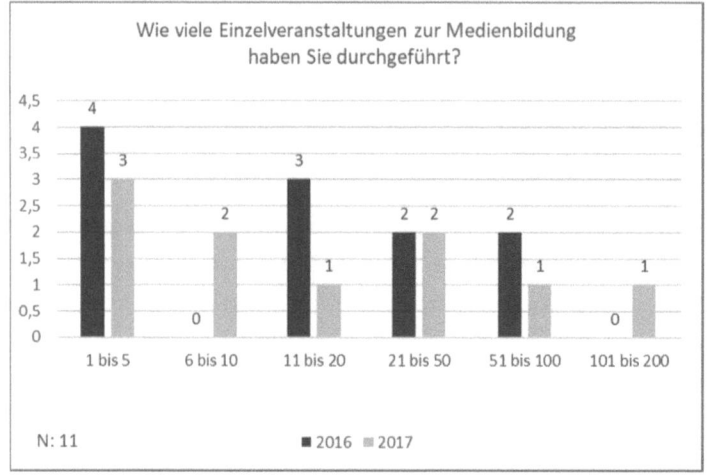

Abbildung 23: Anzahl der Einzelveranstaltungen (Netzwerk Einzelveranstaltungen)

Für das Jahr 2016 geben von den elf Mitgliedern der Lenkungsgruppe des Netzwerkes Medienkompetenz Schleswig-Holstein, die sich an diesem Teil der Befragung beteiligt haben, insgesamt vier an, zwischen ein und fünf Einzelveranstaltungen durchgeführt zu haben. Elf bis 20 Einzelveranstaltungen durchgeführt zu haben, geben drei der befragten Einrichtungen an; jeweils zwei weitere Einrichtungen haben nach eigenen Angaben 21 bis 50 sowie 51 bis 100 Einzelveranstaltungen durchgeführt. Da sich die Zahlen für 2017 lediglich auf ein halbes Jahr beziehen, sind sie entsprechend niedriger.

Aufgrund der stark differierenden Teilnehmer*innenzahlen in den verschiedenen Einzelveranstaltungen lässt sich nicht ohne Weiteres auf die insgesamt mit den Medienbildungsangeboten erreichten Teilnehmer*innenzahlen schließen; deshalb haben wir die Einrichtungen zusätzlich nach ihren Einschätzungen zu den realisierten Teilnehmer*innenzahlen befragt.

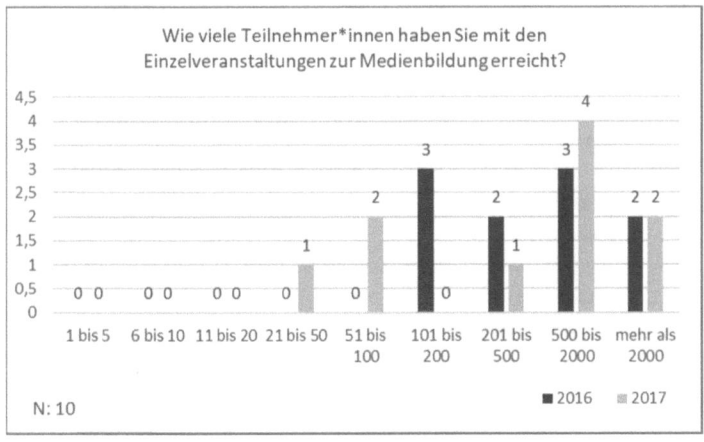

Abbildung 24: Erreichte Teilnehmer*innen (Netzwerk Einzelveranstaltungen)

Die Angaben zu den erreichten Teilnehmer*innenzahlen schwanken für das Jahr 2016 zwischen 101 und 200 am unteren Ende und über 2.000 am oberen Ende der Skala. Drei Mitglieder der Lenkungsgruppe geben an, zwischen 101 und 200 Teilnehmer*innen mit Einzelveranstaltungen in 2016 erreicht zu haben, und zwei geben an, über 2.000 Teilnehmer*innen erreicht zu haben. Rechnet man die Angaben der Befragten zu den Teilnehmer*innenzahlen hoch, was allerdings mit Unsicherheiten verbunden ist, da genaue Teilnehmer*innenzahlen aufgrund fehlender Statistiken hierzu nicht verfügbar sind, so gelangt man bei einer vorsichtigen Schätzung, die sich jeweils an den unteren bzw. mittleren Spannbreiten der Angaben orientiert, auf eine Zahl von Teilnehmer*innen an den Einzelveranstaltungen zur Medienbildung von mindestens 10.000 für das Jahr 2016.

Auf die Schwierigkeiten der Erfassung genauer Teilnehmer*innenzahlen geht einer der Befragten in einem ergänzenden Kommentar ein, wenn er schreibt: „Die Ermittlung von Teilnehmer*innenzahlen für Einzelveranstaltungen zur Medienkompetenzvermittlung für Lehrkräfte findet in der Regel im Rahmen von Fachfortbildungen statt und ist deshalb schwer zahlenmäßig zu erfassen. Für 2018 ist ein Relaunch unseres Buchungssystems geplant, das diese Problematik berücksichtigt."

Mit den Einzelveranstaltungen werden dieselben Zielgruppen wie mit den Projekten erreicht, nämlich schwerpunktmäßig einerseits Lehrkräfte und Multiplikator*innen als Einzelpersonen sowie andererseits Schulklassen und Jugendgruppen (vgl. hierzu Abb. 1).

ISÖ
Institut für
Sozialökologie

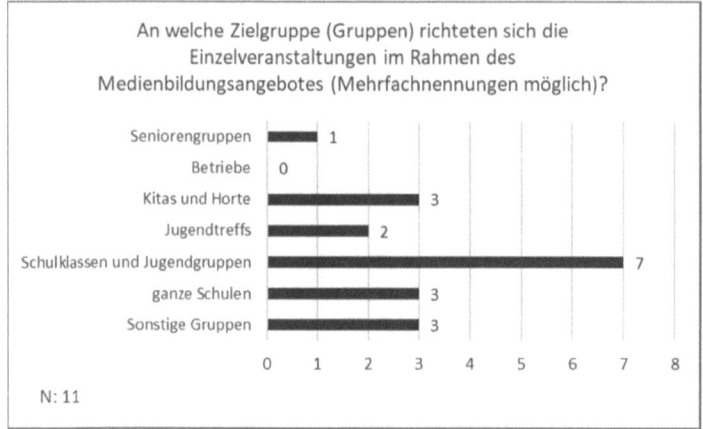

Abbildung 25: Zielgruppe Gruppen (Netzwerk Einzelveranstaltungen)

Die Ergebnisse korrespondieren mit denen zu den Projekten (vgl. Abb. 2). Schulklassen und Jugendgruppen werden in einer Kategorie zusammengefasst, da sich die Untersuchung auf die außerunterrichtlichen Medienbildungsangebote konzentriert.

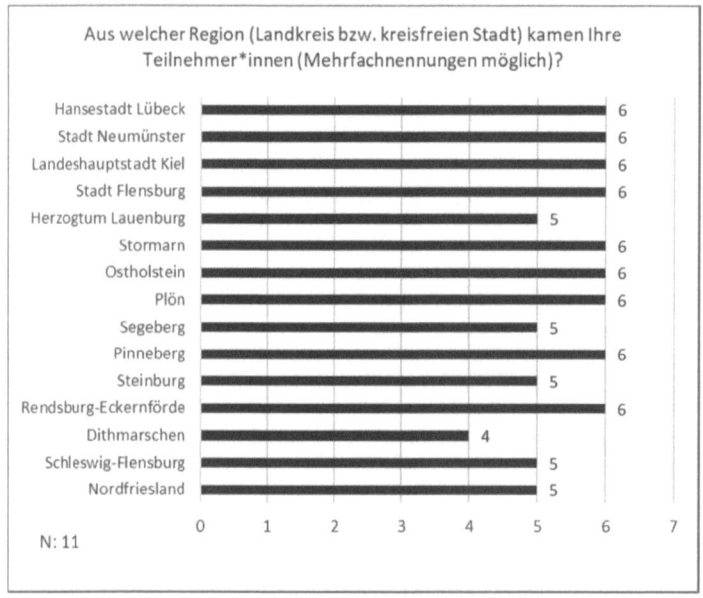

Abbildung 26: Regionale Herkunft (Netzwerk Einzelveranstaltungen)

ISÖ
Institut für
Sozialökologie

Auffällig ist hier ist die Gleichverteilung zu den Angaben der Herkunft der Teilnehmer*innen. Allerdings darf dabei nicht unberücksichtigt bleiben, dass damit noch nichts über die jeweilige zahlenmäßige Vertretung der Personen aus den Kreisen und kreisfreien Städten ausgesagt werden kann.

Auch in Bezug auf die Einzelveranstaltungen haben wir nach Veränderungen zwischen den Jahren 2016 und 2017 gefragt, die von den befragten Einrichtungen und Institutionen wahrgenommen wurden. Es wird eine steigende Nachfrage nach Inhalten wie Hate Speech, Fake-News, Games, ePartizipation, Erklär-Videos selbst erstellen, Anwendung kollaborativer Onlinewerkzeuge und Mediensucht, bei einer gleichzeitig sinkenden Nachfrage zum Thema Cybermobbing, konstatiert. Insgesamt wird ein steigendes medienpädagogisches Grundwissen bei den Teilnehmer*innen an den Medienbildungsangeboten festgestellt, wodurch die Fragen in den Veranstaltungen spezifischer und detaillierter werden.

Einer der Befragten äußert sich in einer zusammenfassenden Bemerkung zu den Einzelveranstaltungen, indem er schreibt: „Einzelveranstaltungen bedingen einen erhöhten Aufwand; wenn für eine einzelne nicht wiederkehrende Veranstaltung neue Ideen und Konzepte entwickelt werden müssen, so ist das zeit- und personalintensiv."

1.1.3 Ergebnisse zur Einschätzung des gesamten Medienbildungsangebotes durch die Mitglieder der Lenkungsgruppe

Im dritten Teil der Befragung der Mitglieder der Lenkungsgruppe des Netzwerkes Medienkompetenz Schleswig-Holstein geht es um übergreifende Angaben und Einschätzungen zu den Rahmenbedingungen des Medienbildungsangebotes dieser Einrichtungen und Institutionen. Für diesen Teil der Analyse des Medienbildungsangebotes liegen zwölf auswertbare Fragebögen vor. Eine Besonderheit stellt in diesem Analyseteil die Tatsache dar, dass von den der Büchereizentrale des Büchereivereins Schleswig-Holstein e.V. angeschlossenen Bibliotheken gesonderte Fragebögen eingegangen sind. In diesem Fall wurde über die verschiedenen Antworten der Bibliotheken ein Mittelwert für die Büchereizentrale als Netzwerkpartner gebildet, der anschließend als ein Wert mit den anderen Werten der Mitglieder der Lenkungsgruppe, die sich an der Befragung beteiligt haben, in die Berechnung eingegangen ist. Aus diesem Grunde ergeben sich auch Prozentwerte bzw. Rundungswerte, die sonst nicht erklärbar wären.

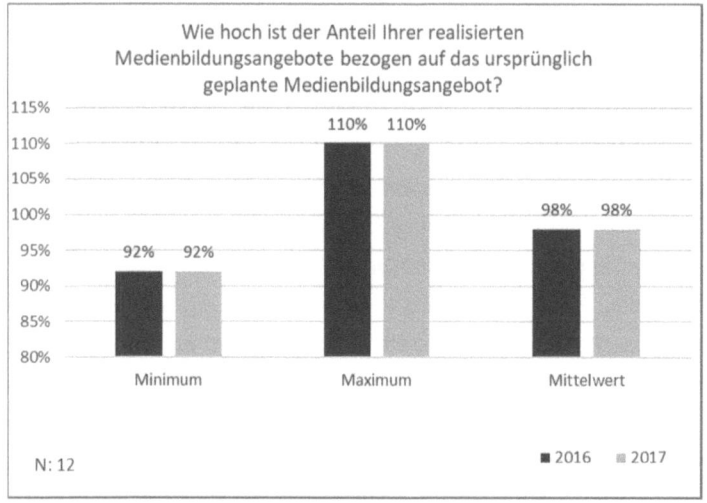

Abbildung 27: Realisiertes Medienbildungsangebot (Netzwerk Gesamtangebot)

Die Antworten zu dieser Frage zeigen, dass es keine großen Diskrepanzen zwischen den Planungen der Medienbildungsangebote und den realisierten Angeboten gibt. Dies spricht dafür, dass die Einrichtungen und Institutionen sehr gut einschätzen können, wie es um die Wahrscheinlichkeit der Realisation bestimmter Bildungsangebote steht; dies ist im Bereich von Bildungsangeboten keine Selbstverständlichkeit und spricht für die Professionalität der Anbieter in diesem Bereich.

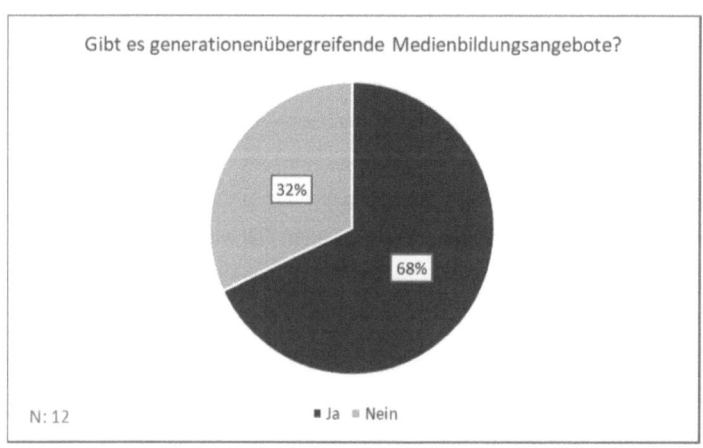

Abbildung 28: Generationenübergreifende Angebote (Netzwerk Gesamtangebot)

Über zwei Drittel ihrer Medienbildungsangebote betrachten die Anbieter*innen selbst als generationsübergreifende Angebote. Dies überrascht auf den ersten Blick, richten sich doch viele der Angebote explizit an Schüler- und Jugendgruppen bzw. Lehrkräfte und Multiplikator*innen. Hier wäre näher nachzufragen, was unter generationsübergreifend zu verstehen ist.

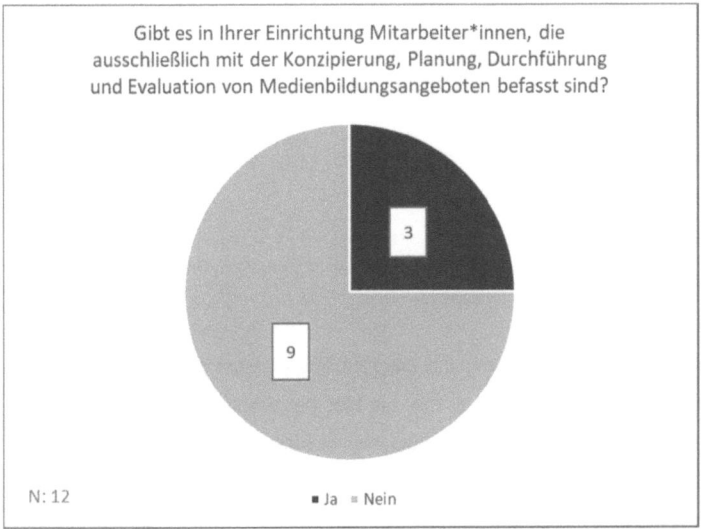

Abbildung 29: Mitarbeiter*innen für Medienbildungsangebote (Netzwerk Gesamtangebot)

In drei Einrichtungen gibt es Mitarbeiter*innen, die ausschließlich mit der Konzipierung, Planung, Durchführung und Evaluation von Medienbildungsangeboten befasst sind, diese besetzen aber alle keine Vollzeitstellen. Drei Einrichtungen geben an, insgesamt über sechs Medienpädagog*innenstellen mit einem Stundenanteil von rd. 25 Arbeitswochenstunden und zwei Medienpädagog*innenstellen mit jeweils elf Arbeitsstunden pro Woche zu verfügen. Hier wird deutlich, dass das Angebot an Medienbildung ganz überwiegende durch frei- oder nebenberufliche bzw. ehrenamtliche Dozent*innen getragen wird.

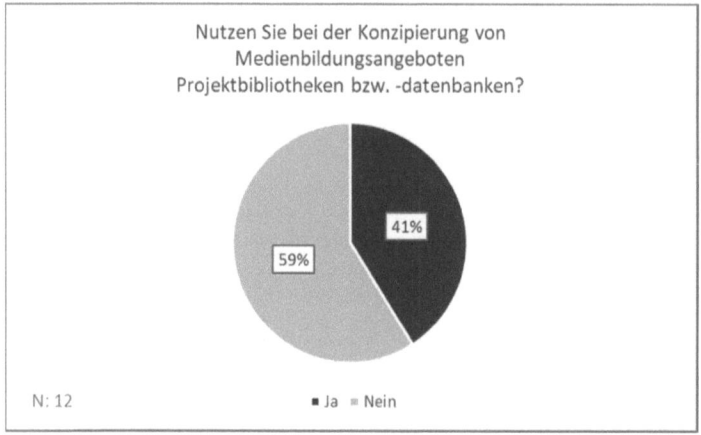

Abbildung 30: Nutzung von Projektbibliotheken bzw. -datenbanken (Netzwerk Gesamtangebot)

In 41 % der Fälle wird bei der Konzipierung von Medienbildungsangeboten auf Projektbibliotheken zurückgegriffen; genannt werden hier das Intranet der Verbraucherzentralen, die Datenbanken der IBJ Scheersberg, des IQSH, der Büchereizentralen, des OKSH, meko-kitas-nrw sowie des Dieter-Baacke-Preises der GMK. Auffallend ist hier, dass von den Anbietern jeweils eher eigene Projektbibliotheken bzw. -datenbanken genutzt werden.

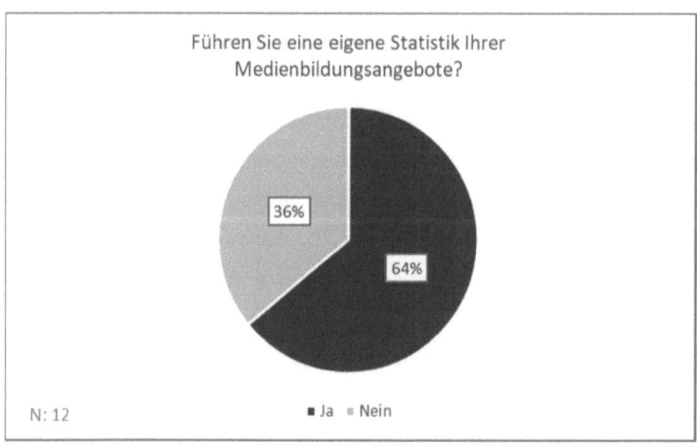

Abbildung 31: Statistik der Medienbildungsangebote (Netzwerk Gesamtangebot)

Fast zwei Drittel der Einrichtungen und Institutionen geben an, eine eigene Statistik Ihrer Medienbildungsangebote zu führen. Wie wir aus den qualitativen Interviews erfahren haben, gibt es allerdings keine Verständigung über die Kriterien und Dimensionen einer Statistik über die verschiedenen Anbieter im Lande hinweg. Die verschiedenen Statistiken lassen sich deshalb auch nicht ohne weiteres zusammenführen.

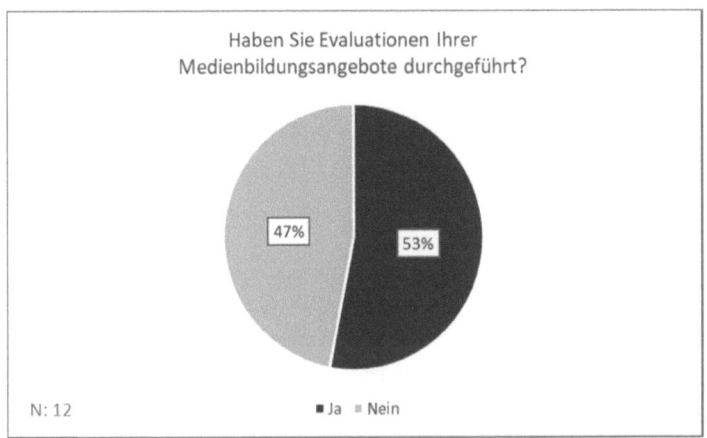

Abbildung 32: Evaluation der Medienbildungsangebote (Netzwerk Gesamtangebot)

Gut die Hälfte der Einrichtungen und Institutionen gibt an, für einige ihrer Medienbildungsveranstaltungen Evaluationen durchzuführen.

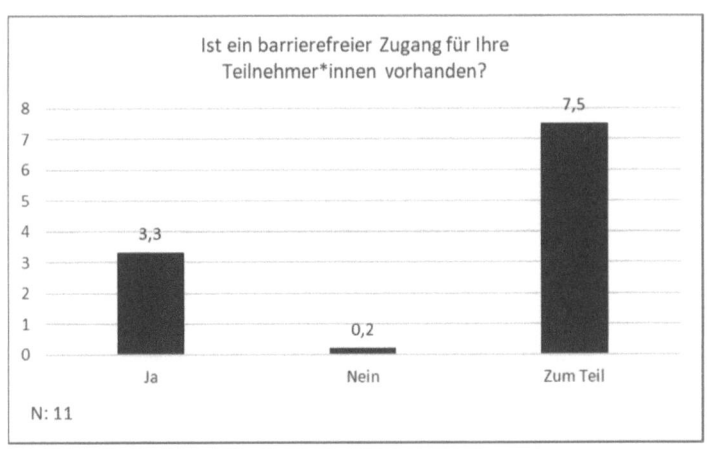

Abbildung 33: Barrierefreier Zugang (Netzwerk Gesamtangebot)

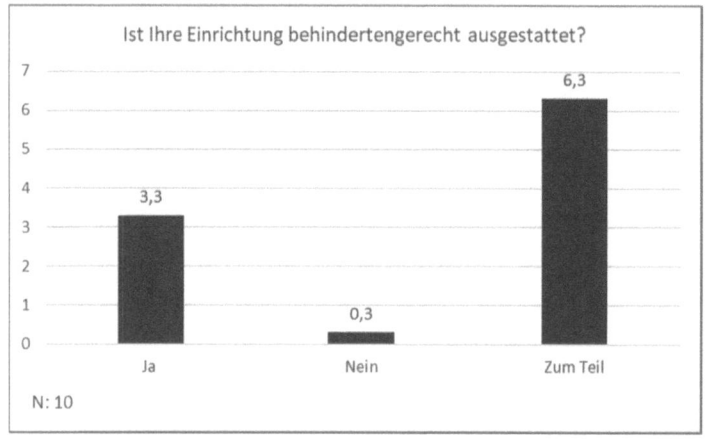

Abbildung 34: Behindertengerechte Ausstattung (Netzwerk Gesamtangebot)

Hinsichtlich eines barrierefreien bzw. barrierearmen Zugangs und einer behindertengerech-
ten Ausstattung besteht bei den Einrichtungen und Institutionen noch ein gewisser Nachhol-
bedarf. Dies ist allerdings im Vergleich mit anderen Bildungseinrichtungen und anderen Bundesländern keine Besonderheit (Schäfer & Lakemann 2017).

Abbildung 35: Realisierung von Medienbildungsangeboten aus der Landeszuwendung
(Netzwerk Gesamtangebot)

ISÖ
Institut für
Sozialökologie

Knapp 30 % der Befragten geben an, Medienbildungsangebote aus der Zuwendung des Landes für die Förderung von Medienbildungsaktivitäten, die über den OKSH im Jahre 2017 zur Verfügung stehen, zu finanzieren.

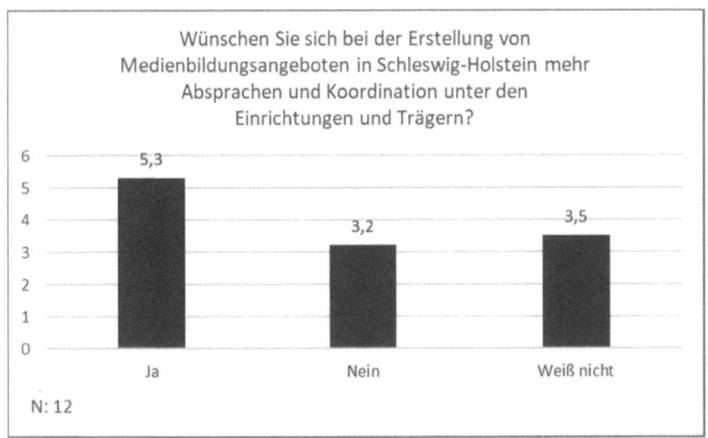

Abbildung 36: Gewünschte Absprachen und Koordination (Netzwerk Gesamtangebot)

Fast die Hälfte der Einrichtungen wünscht sich bei der Erstellung von Medienbildungsangeboten in Schleswig-Holstein mehr Absprachen und Koordination unter den Einrichtungen und Trägern. Wie diese aussehen könnte, darauf gibt die Auswertung der qualitativen Interviews Auskunft.

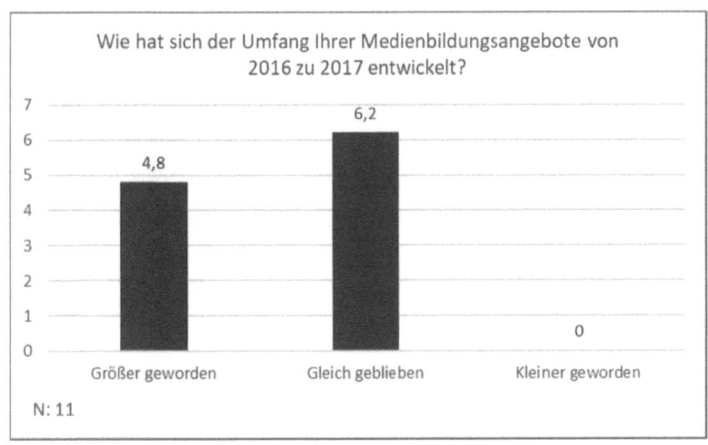

Abbildung 37: Entwicklung des Umfangs der Angebote (Netzwerk Gesamtangebot)

Ca. 40 % der Anbieter*innen sind der Auffassung, dass der Umfang der Medienbildungsangebote im Vergleich zum vorausgegangenen Jahr größer geworden ist; für die restlichen ist er gleichgeblieben.

Die Zusammenfassung der Ergebnisse zu den Angeboten des Netzwerkes Medienkompetenz Schleswig-Holstein findet sich in Kapitel 5.

1.2 Ergebnisse der Online-Befragung Medienbildung

Diese Befragung fand von Anfang August bis Anfang September statt und richtete sich zum einen an alle anerkannten Träger und Einrichtungen der Weiterbildung in Schleswig-Holstein (71), von denen rd. die Hälfte Volkshochschulen sind, und zum anderen an 57 der rund 120 Mitglieder der Regionalkonferenzen des Netzwerkes Medienkompetenz Schleswig-Holstein, die nicht zum Kreis der Schulen zählen. Mitglieder der Lenkungsgruppe des Netzwerks Medienkompetenz Schleswig-Holstein wurden nicht in die Untersuchung einbezogen. Allerdings gehören die Volkshochschulen zum Landesverband der Volkshochschulen Schleswig-Holstein, der Mitglied in der Lenkungsgruppe des Netzwerkes Medienkompetenz Schleswig-Holstein ist. Kurz vor Ablauf des vierwöchigen Befragungszeitraumes wurden alle angeschriebenen Einrichtungen und Träger nochmals an die laufende Befragung erinnert und gebeten, sich – sofern dies noch nicht geschehen war – zu beteiligen. Zusätzlich wurde die Frist um eine Woche verlängert. Eine Anzahl von neun Einrichtungen gehörte beiden Verteilern an und sieben Einrichtungen existierten nicht mehr bzw. deren Adressen konnten nicht geklärt werden, so dass die Einladung zur Befragung insgesamt 112 Einrichtungen und Träger erreichte. Davon haben insgesamt 46 den Fragebogen ausgefüllt. Von diesen hatten fünf die Onlinebefragung unterbrochen und sich zu einem späteren Zeitpunkt wieder eingeloggt, so dass insgesamt 41 auswertbare Fragebögen zur Verfügung stehen. Damit konnte eine Rücklaufquote von 36,6 % erreicht werden. Lediglich vier der 41 teilnehmenden Einrichtungen geben an, Mitglied einer Regionalkonferenz des Netzwerkes Medienkompetenz Schleswig-Holstein zu sein. Da die Online-Befragung anonym erfolgte, lässt sich nicht sagen, wie viele der Onlinefragebögen von lokalen Volkshochschulen ausgefüllt wurden.

Bei der Vorstellung der Befragungsergebnisse wird auch hier wieder zunächst auf die makrodidaktischen, anschließend auf die mikrodidaktischen und sodann auf die Rahmenbedingungen eingegangen.

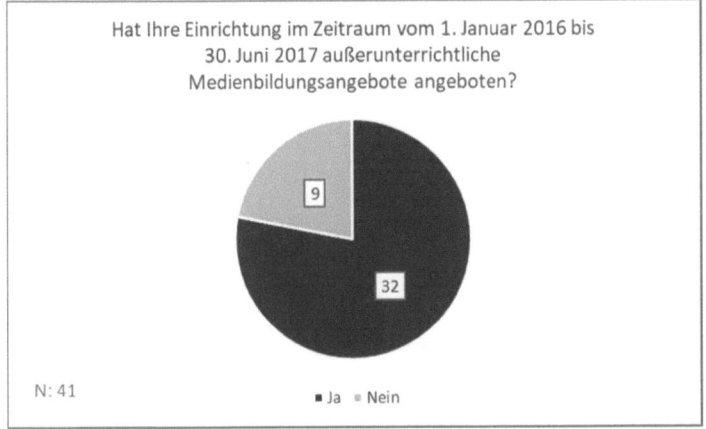

Abbildung 38: Angebote der außerunterrichtlichen Medienbildung (Onlinebefragung)

Von denen, die sich an der Befragung beteiligt haben, geben allerdings nur 32 an, im Untersuchungszeitraum außerunterrichtliche Medienbildungsangebote unterbreitet zu haben. Nicht immer wurden alle Fragen beantwortet, was die Zahl von 32 Antworten bei einzelnen Fragen weiter reduzieren kann.

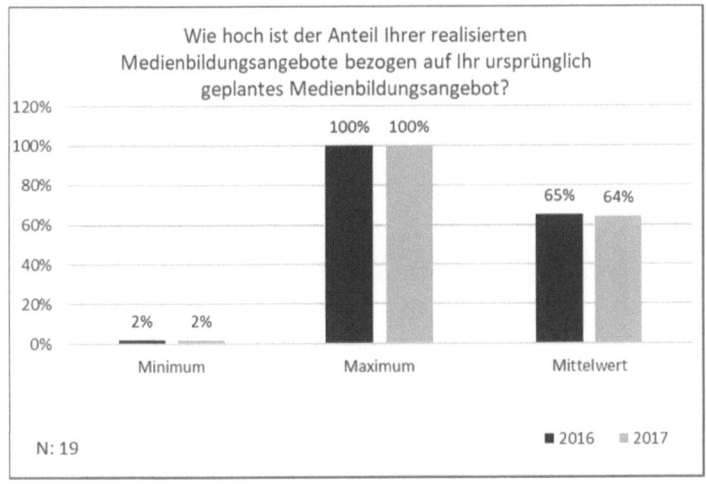

Abbildung 39: Anteil des realisierten Medienbildungsangebotes (Onlinebefragung)

Institut für
Sozialökologie

Nicht alle geplanten Medienbildungsangebote kommen auch wirklich zustande. Der Anteil der realisierten im Vergleich zu den geplanten Angeboten liegt in den Jahren 2016 und 2017 im Mittel bei knapp unter zwei Dritteln.

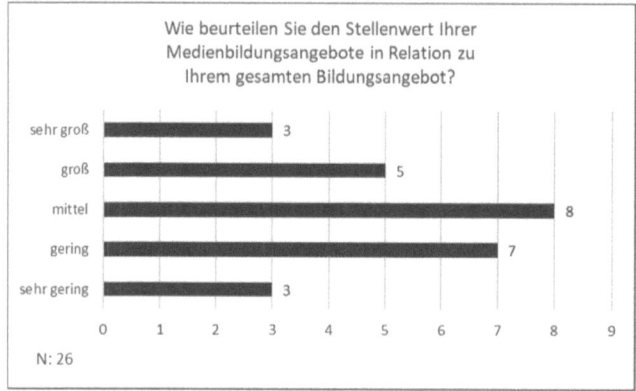

Abbildung 40: Stellenwert der Medienbildungsangebote (Onlinebefragung)

Das Medienbildungsangebot nimmt für die befragten Einrichtungen im Vergleich zu ihren anderen Angeboten keinen besonderen Stellenwert ein; aus diesem Ergebnis lässt sich able-sen, dass wir es im Durchschnitt nicht mit Anbietern zu tun haben, die ihren Schwerpunkt auf die Medienbildung legen.

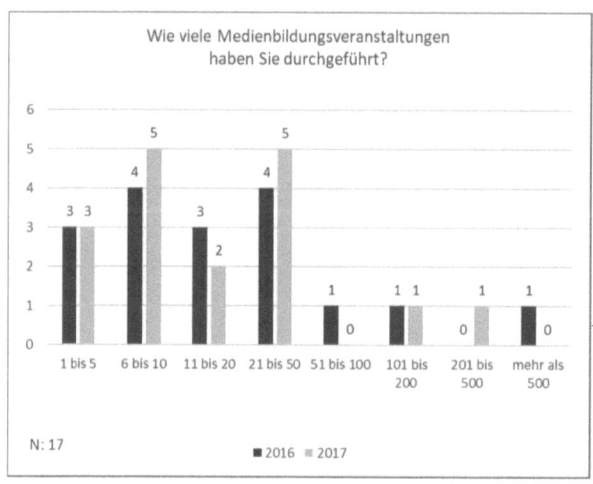

Abbildung 41: Anzahl der Medienbildungsveranstaltungen (Onlinebefragung)

Die Zahl der durchgeführten Medienbildungsveranstaltungen schwankt zwischen eins und 996; im Mittel ergibt sich daraus eine Anzahl von 86 Veranstaltungen pro Anbieter im Jahre 2016 und von 52 im ersten Halbjahr 2017. Ein differenzierteres Bild ergibt sich allerdings, wenn man die Einrichtungen nach der Anzahl der durchgeführten Medienbildungsveranstaltungen gruppiert. Hier zeigt sich, dass alle Einrichtungen bis auf eine Ausnahme bei den Veranstaltungszahlen zwischen eins und 50 liegen.

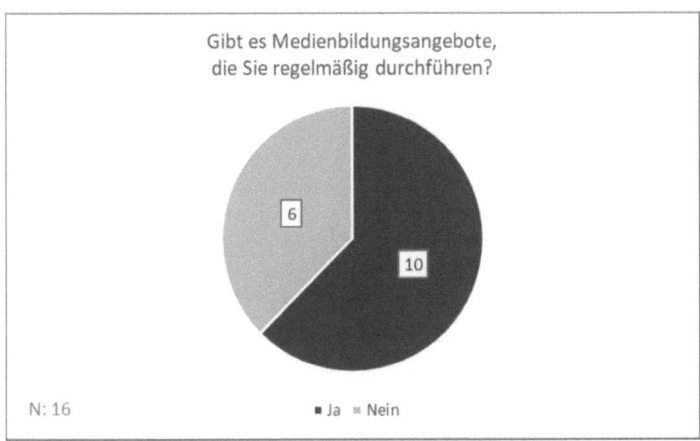

Abbildung 42: Regelmäßig durchgeführte Medienbildungsangebote (Onlinebefragung)

Zu 60 % geben die Medienbildungsanbieter*innen an, dass es sich bei ihren Medienbildungsangeboten um solche handelt, die sie regelmäßig durchführen. Als Beispiele hierfür werden genannt: Seminare in der Senioren-Assistenz, Peerprojekte, Veranstaltungsreihe für Kitas, Smartphone Einzelschulungen, MediLeiCa (Medienfortbildung für Jugendleiter), Internet-ABC-Schulungen, Softwareschulungen, Online-Sprechstunde, Kurse zum Überspielen von VHS-Kassetten, LP oder Kassette auf DVD/CD sowie Digitale Medien für 50+.

Abbildung 43: Zielgruppe Einzelpersonen (Onlinebefragung)

Sofern sich die Medienbildungsangebote an Individuen richten, werden zu 40 % Lehrkräfte und Multiplikator*innen angesprochen. In der Kategorie „Sonstige" werden Studierende, Schulsozialarbeiter*innen und pädagogisches Fachpersonal erwähnt.

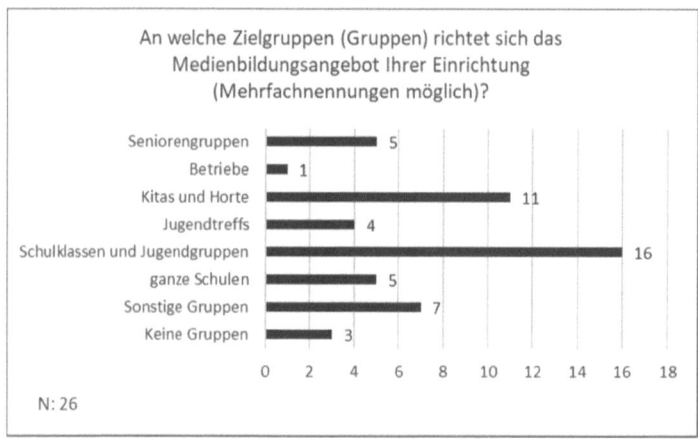

Abbildung 44: Zielgruppe Gruppen (Onlinebefragung)

Bei den gruppenbezogenen Zielgruppen dominieren Schulklassen und Jugendgruppen sowie Kitas und Horte. Schulklassen und Jugendgruppen werden in einer Kategorie zusammengefasst, da sich die Untersuchung auf die außerunterrichtlichen Medienbildungsangebote konzentriert. In der Kategorie „Sonstige" werden Senioren-Assistenten, Studierende, Arbeitssuchende, Gehörlose und hörgeschädigte Menschen, Flüchtlinge, Eltern sowie Ärztinnen und Ärzte genannt.

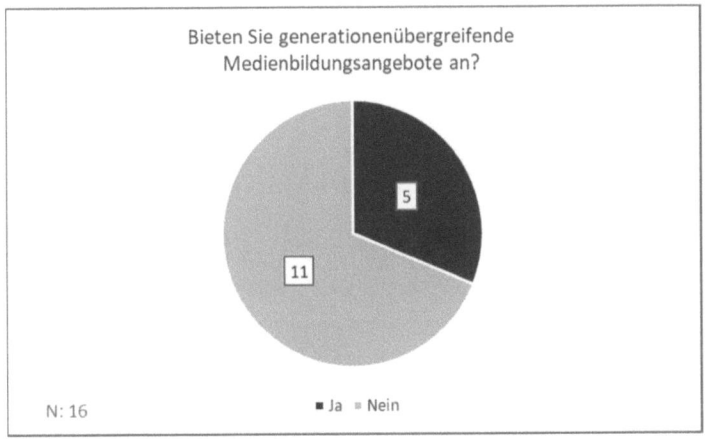

Abbildung 45: Generationenübergreifende Angebote (Onlinebefragung)

Die Medienbildungsangebote sind überwiegend auf altershomogene Zielgruppen ausgerichtet; aber es gibt auch vereinzelt generationsübergreifende Angebote; als Beispiel hierfür werden Webinare angeführt.

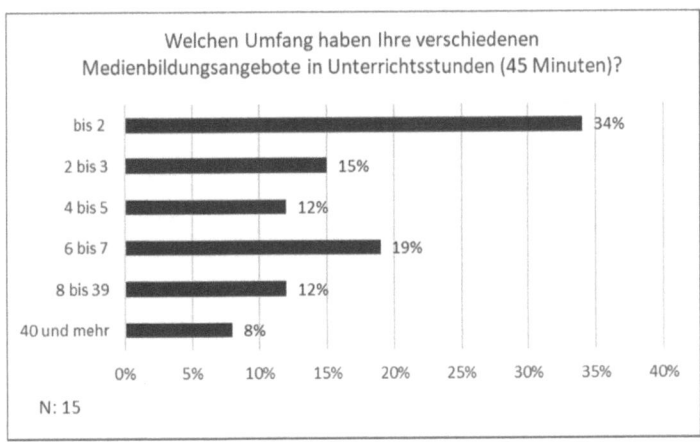

Abbildung 46: Umfang der Angebote in Unterrichtsstunden (Onlinebefragung)

Da lediglich 15 Einrichtungen zu dieser Frage Angaben gemacht haben, ist die Datenbasis hier nicht sehr aussagekräftig. Es lässt sich lediglich festhalten, dass die überwiegende Mehrheit der Medienbildungsangebote einen Umfang von zwei bis sieben Stunden aufweist, das sind rd. 80 % des gesamten Medienbildungsangebotes zu dem hier Angaben gemacht wurden.

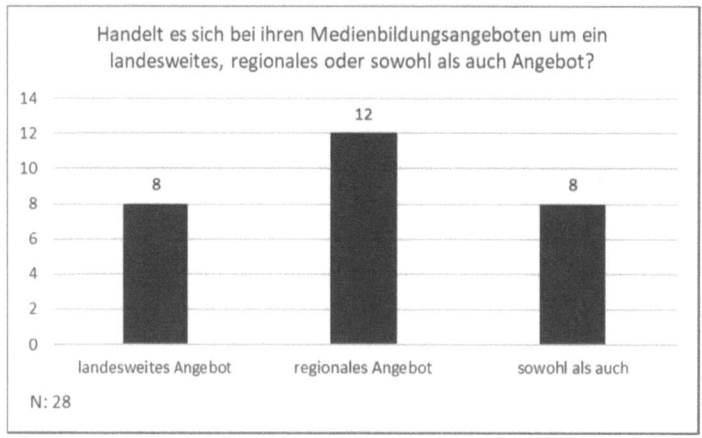

Abbildung 47: Regionaler Bezug der Angebote (Onlinebefragung)

Bei den Medienbildungsangeboten handelt es sich überwiegend um solche, die regional unterbreitet werden.

Nach der Beschäftigung mit den makrodidaktischen Aspekten folgt nun die Auseinandersetzung mit den mikrodidaktischen Dimensionen.

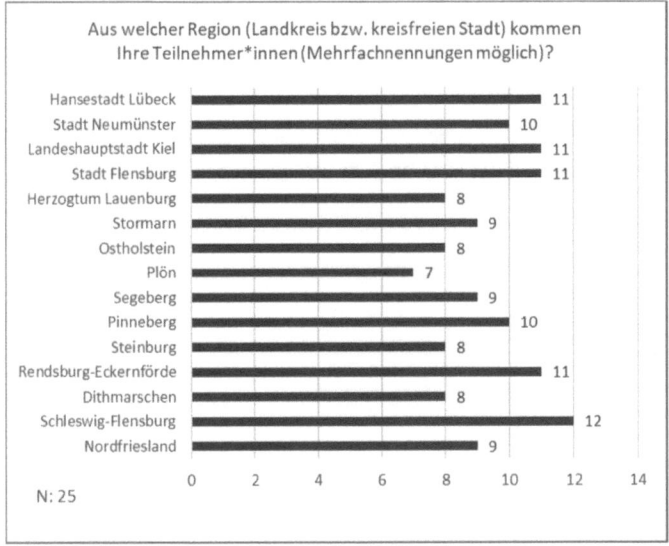

Abbildung 48: Regionale Herkunft (Onlinebefragung)

Die Verteilung über die 15 Kreise und kreisfreien Städte weist keine größeren regionalen Disparitäten auf.

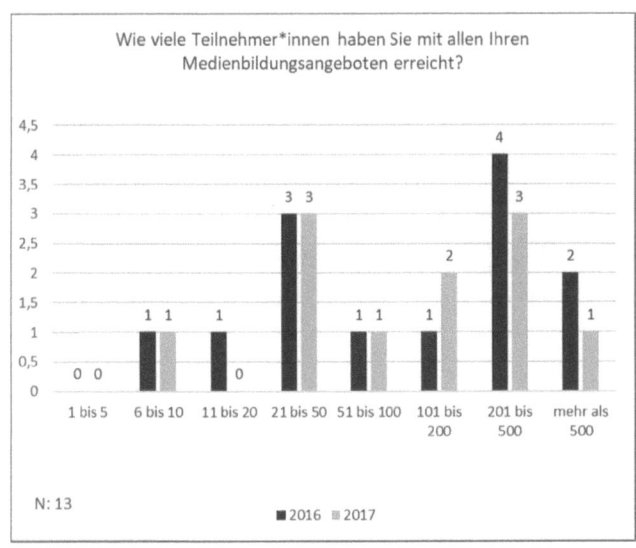

Abbildung 49: Erreichte Teilnehmer*innen (Onlinebefragung)

ISÖ
Institut für
Sozialökologie

51

Die Angaben der Einrichtungen zeigen, dass die Anzahl der Veranstaltungen mit bis zu 50 Teilnehmer*innen in etwa genauso häufig vertreten sind, wie die mit 201 bis 500 Teilnehmer*innen. In ein bzw. zwei Fällen werden auch Veranstaltungen mit über 500 Teilnehmer*innen angegeben. Während wir es auf der einen Seite mit seminaristischen Veranstaltungen zu tun haben, stehen diesen auf der anderen Seite Großveranstaltungen gegenüber.

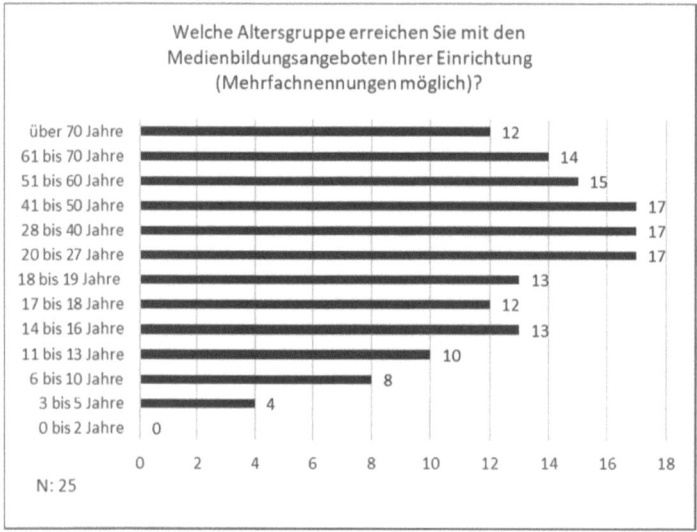

Abbildung 50: Erreichte Altersgruppen (Onlinebefragung)

Bezüglich der erreichten Altersgruppen zeigt sich im Vergleich zum Bevölkerungsdurchschnitt, dass tendenziell mehr jüngere Menschen erreicht wurden, wenngleich auch die mittleren Altersjahrgänge gut vertreten sind.

Hinsichtlich der Geschlechterverteilung zeigt sich ein Verhältnis zwischen rd. 60 % Frauen und 40 % Männern. Der höhere Anteil von Frauen ist für Fort- und Weiterbildungsangebote durchaus typisch.

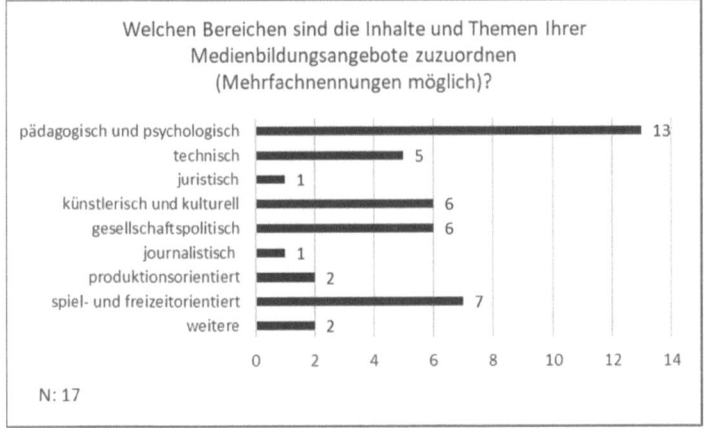

Abbildung 51: Inhalte und Themen der Medienbildungsangebote (Onlinebefragung)

Bei den Inhalten und Themen der Medienbildungsangebote dominieren solche, die eine im weitesten Sinne pädagogische und psychologische Ausrichtung aufweisen. Mit deutlichem Abstand folgen Angebote spiel- und freizeitorientierter, künstlerischer und kultureller, gesellschaftspolitischer sowie technischer Provenienz; am Ende rangieren produktionsorientierte, journalistische und juristische Angebote. Unter die Kategorie der sonstigen Angebote fallen gesundheitliche und auf den Jugendmedienschutz bezogene.

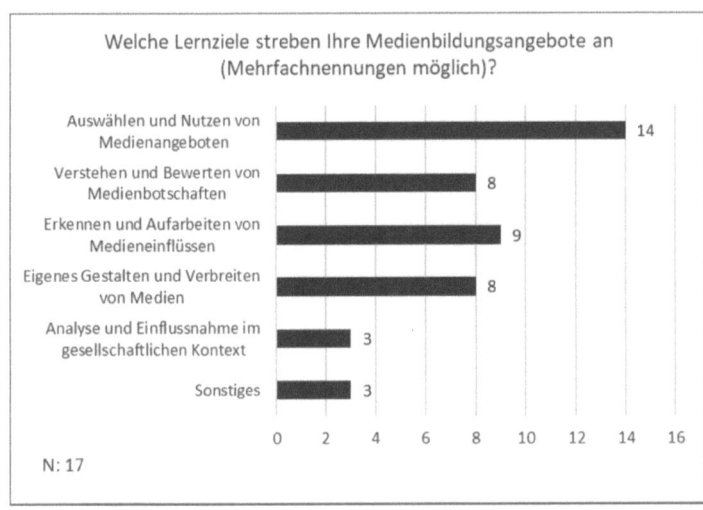

Abbildung 52: Lernziele der Medienbildungsangebote (Onlinebefragung)

Die Unterscheidung hinsichtlich der Lernziele orientiert sich auch hier wieder an dem Verständnis medienpädagogischer Kompetenzen von Tulodziecki (1998) und Theunert (1999).
Gefragt nach den Lernzielen der Medienbildungsangebote wird am häufigsten das „Auswählen und Nutzen von Medienangeboten" genannt, danach folgen etwa gleichauf „Erkennen und
Aufarbeiten von Medieneinflüssen", „Verstehen und Bewerten von Medienbotschaften" sowie
„eigenes Gestalten und Verbreiten von Medien"; die „Analyse und Einflussnahme im gesellschaftlichen Kontext" spielt dagegen nur eine marginale Rolle bei den Nennungen.

Abbildung 53: Veranstaltungsformen der Medienbildungsangebote (Onlinebefragung)

Bei den Veranstaltungsformaten dominieren Seminar, Workshop und Einzelveranstaltung.

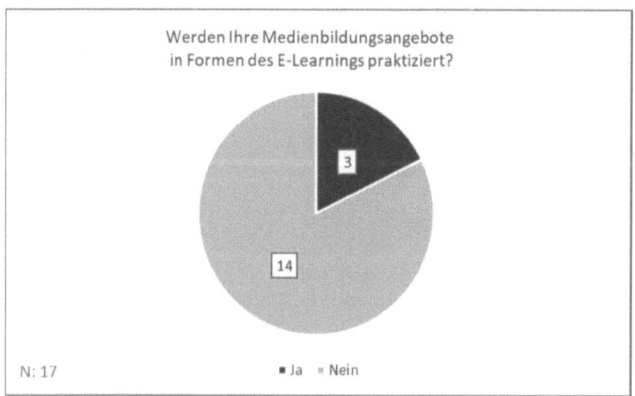

Abbildung 54: E-Learning in den Angeboten (Onlinebefragung)

Eher vereinzelt werden auch E-Learning-Angebote unterbreitet. Diejenigen Anbieter, die hier mit „ja" geantwortet haben, geben alle an, dass dies in Form von Blended-Learning-Konzepten erfolgt.

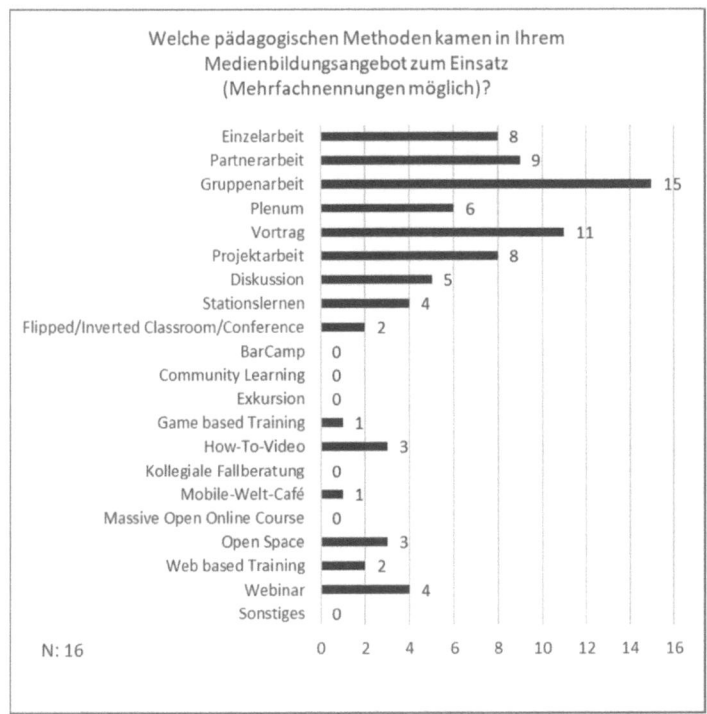

Abbildung 55: Pädagogische Methoden (Onlinebefragung)

Hinsichtlich der pädagogischen Methoden, die zum Einsatz kommen, dominieren eher traditionelle Formen wie Gruppenarbeit, Vortrag, Partnerarbeit, Einzelarbeit und Projektarbeit.

Abschließend wird wiederum auf einige Rahmenbedingungen der außerunterrichtlichen Medienbildungsangebote eingegangen.

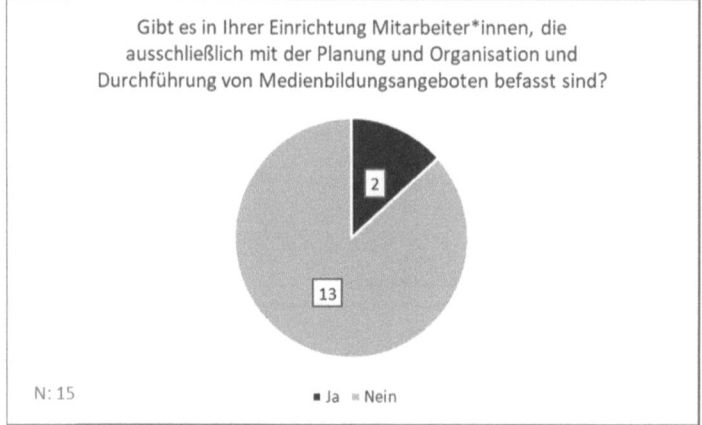

Abbildung 56: Mitarbeiter*innen für Medienbildungsangebote (Onlinebefragung)

Lediglich zwei der befragten Einrichtungen geben an, in Ihrer Einrichtung Mitarbeiter*innen zu beschäftigen, die ausschließlich mit der Planung, Organisation und Durchführung von Medienbildungsangeboten befasst sind.

Auf Projektbibliotheken wird bei der Konzipierung von Medienbildungsangeboten in keinem einzigen Fall zurückgegriffen.

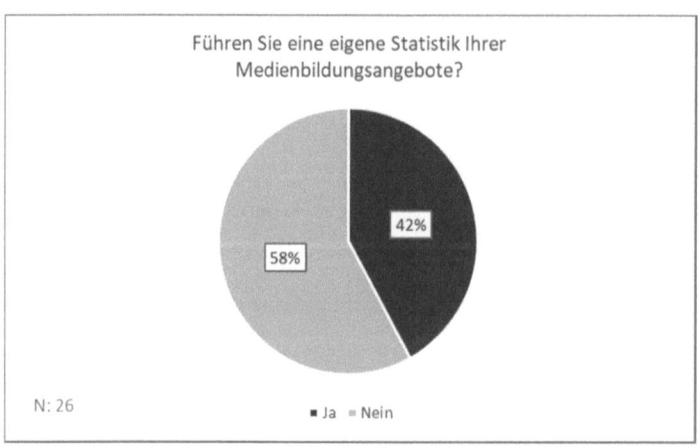

Abbildung 57: Statistik der Medienbildungsangebote (Onlinebefragung)

Eine eigene Statistik zu ihren Medienbildungsangeboten führen lediglich 42 % der Einrichtungen durch, was angesichts einer Verpflichtung zur Dokumentation und zum Nachweis insbesondere bei öffentlich geförderter Erwachsenenbildung überrascht.

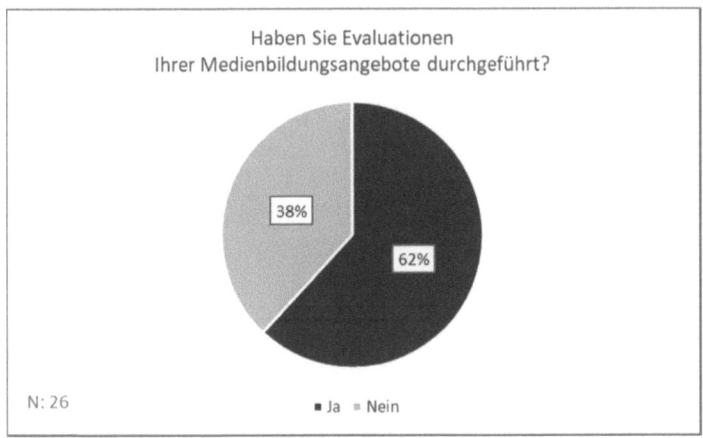

Abbildung 58: Evaluation der Medienbildungsangebote (Onlinebefragung)

Evaluationen werden mit 62 % etwas häufiger durchgeführt als Statistiken zu den Medienbildungsangeboten. Dieses Ergebnis erstaunt, da Dokumentationen und Statistiken eigentlich eine Voraussetzung für Evaluationen sind.

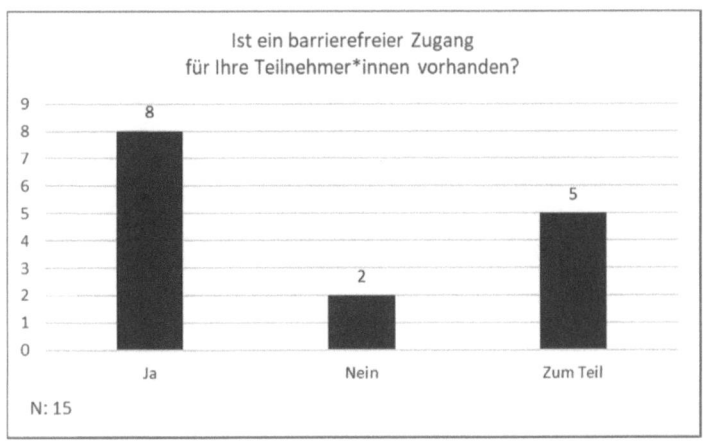

Abbildung 59: Barrierefreier Zugang (Onlinebefragung)

ISÖ
Institut für
Sozialökologie

Die Einrichtungen bieten in gut der Hälfte der Fälle einen barrierefreien bzw. barrierearmen Zugang für Ihre Teilnehmer*innen an; in weiteren fünf Fällen ist dieser zumindest zum Teil gegeben.

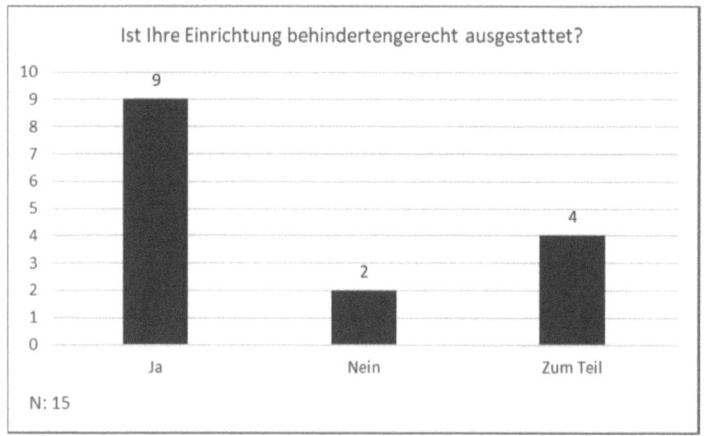

Abbildung 60: Behindertengerechte Ausstattung (Onlinebefragung)

Immerhin 60 % der Anbieter geben an, behindertengerecht ausgestattet zu sein.

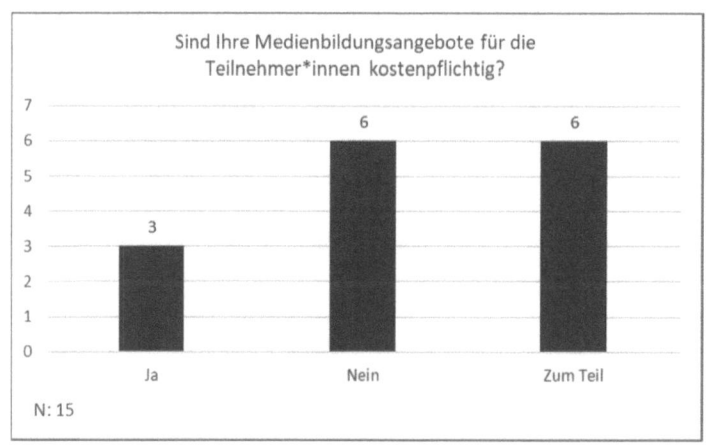

Abbildung 61: Kosten der Medienbildungsangebote (Onlinebefragung)

Die unterbreiteten Medienbildungsangebote sind in der Mehrzahl der Fälle gar nicht oder nur teilweise kostenpflichtig.

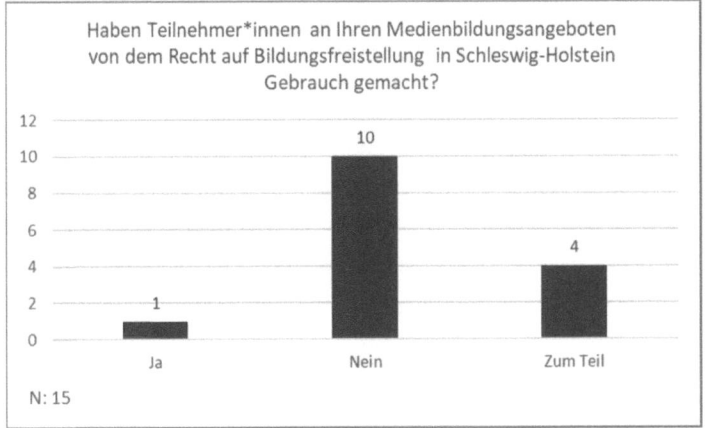

Abbildung 62: Inanspruchnahme von Bildungsfreistellung (Onlinebefragung)

Eine Bildungsfreistellung spielt für die Teilnehmer*innen an Medienbildungsangeboten so gut wie keine Rolle.

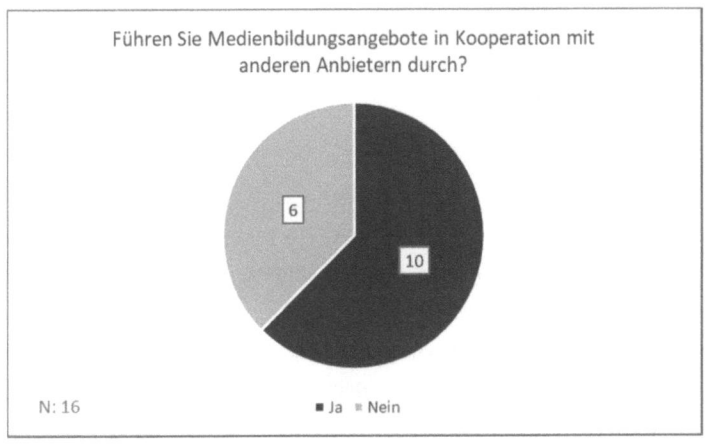

Abbildung 63: Kooperation mit anderen Anbietern (Onlinebefragung)

Gut 60 % der Einrichtungen geben an, dass sie ihre Medienbildungsangebote regelmäßig und in Kooperation mit anderen Anbietern durchführen. Als Kooperationspartner*innen werden zum Teil mehrfach die folgenden genannt, die hier in alphabetischer Reihenfolge aufgelistet sind: Behindertenwerkstatt Materialhof in Rendsburg, Bibliotheken, Büchereizentrale, Eduneo, Fachhochschule, Firma Levato, Gehörlosenfachschule Rendsburg, IQSH, JusProg e.V., KN

Institut für
Sozialökologie

Media Store Kiel, Landesverband und Bundesverband der VHS, LJR, MA HSH, Ministerien, Netzwerk Medienkompetenz, OKSH, Schulamt, SeniorenComputerClub Rendsburg, Europa-Universität Flensburg und Lübeck, Wege aus der Einsamkeit e. V., Wissenschaftszentrum Kiel GmbH und Xpert Lernnetz.

Keine einzige der Einrichtungen gibt an, ihr Medienbildungsangebot im Jahre 2017 aus der Zuwendung des Landes für die Förderung von Medienbildungsaktivitäten über den OKSH erhalten zu haben. Vier geben in der Kommentarfunktion zumindest an, sich dafür beworben zu haben.

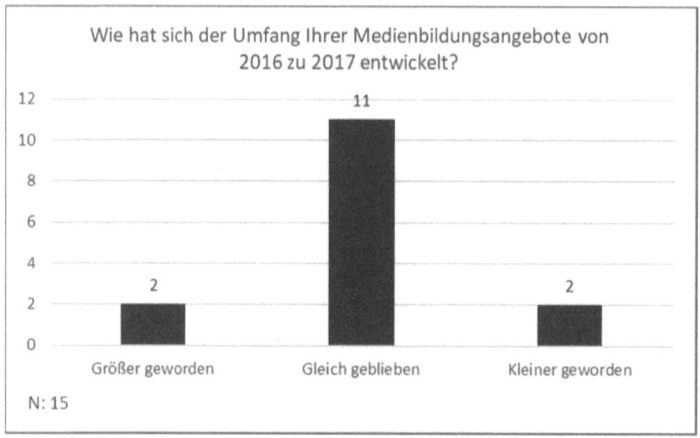

Abbildung 64: Entwicklung des Umfangs der Angebote (Onlinebefragung)

Bei den Befragten herrscht die Einschätzung vor, dass der Umfang Ihrer Medienbildungsangebote von 2016 zu 2017 gleich geblieben ist.

Am Ende des Fragebogens hatten die Befragten noch die Gelegenheit, Ideen bzw. Vorschläge zur Verbesserung des Medienbildungsangebotes in Schleswig-Holstein zu äußern. Hierzu wurden u.a. die folgenden Antworten gegeben:

· Qualifizierung von Lehrkräften und Erzieher*innen,
· mehr Personal in den Institutionen sowie
· Verbesserung der Medienkompetenz von Senioren: E-Health, Notrufsysteme, Smarthome bis Smartphone, soziale Medien.

Zusätzlich gab es noch die Möglichkeit, sich frei zum Thema Medienbildung in Schleswig-Holstein zu äußern. In diesen Stellungnahmen wird bspw. zum Ausdruck gebracht, dass Medienkompetenz heute als Schlüsselqualifikation im Leben zu verstehen sei; daraus wird die Forderung nach einer altersangemessenen verbindlichen Medienkompetenzvermittlung für einen kritischen und kreativen Umgang mit modernen Medien in Kita, Schule und Jugendarbeit abgeleitet. Eine andere Stimme verweist auf die Bedingungen dafür, damit dies Realität werden kann, nämlich die verpflichtende Etablierung von Medienbildung als festem Bestandteil der beruflichen wie auch hochschulischen Bildung an allen Einrichtungen der Aus-, Fortund Weiterbildung. Darüber hinausgehend wird auch gefordert, dass alle Dozent*innen, unabhängig von ihrer Fachrichtung, regelmäßig darin geschult werden müssten, wie digitale Medien im Rahmen der Aus-, Fort- und Weiterbildung eingesetzt werden können.

Die Zusammenfassung der Ergebnisse zur Online-Befragung findet sich in Kapitel 5.

1.3 Ergebnisse der Internetrecherche Medienbildung

Um Erkenntnisse darüber zu gewinnen, ob es in Schleswig-Holstein neben den Mitgliedern der Lenkungsgruppe Medienkompetenz Schleswig-Holstein, den Mitgliedern der Regionalkonferenzen sowie den anerkannten Trägern und Einrichtungen der Weiterbildung noch weitere relevante Anbieter und Angebote im Bereich der außerunterrichtlichen Medienbildung gibt, wurde eine Internetrecherche durchgeführt. Dabei haben wir uns für eine Suchstrategie über einschlägige Weiterbildungsdatenbanken entschieden, da diese zu den meistgenutzten Quellen gehören, um sich Informationen über Weiterbildungsangebote zu verschaffen. Bei der Auswahl der Datenbanken für die Recherche war es wichtig, dass diese anbieterunabhängig und trägerübergreifend agieren, neutral sind und von Menschen, die auf der Suche nach Bildungsangeboten sind, kostenfrei genutzt werden können.

Die Weiterbildungsdatenbanken unterscheiden sich danach, ob sie einerseits bundesweite oder regionalbezogene Angebote enthalten und andererseits auf spezifische Themenfelder, wie z.B. Bildungsurlaub, E-Learning oder Fernunterricht fokussiert sind. Als einzige regional auf Schleswig-Holstein ausgerichtete Weiterbildungsdatenbank ist das Projekt Kursportal Schleswig-Holstein zu erwähnen. Eine auf Medienbildung spezialisierte Weiterbildungsdatenbank existiert nach unserem Wissen nicht.

Unsere Sichtung der Weiterbildungsdatenbanken konzentrierte sich auf die 68, die im Jahre 2017 von der Stiftung Warentest untersucht wurden (https://www.test.de/Weiterbildung-Datenbanken-Test-Weiterbildungsdatenbanken-4271798-4271807/). In die nähere Auswahl für die Heranziehung zur Recherche kamen in einem nächsten Schritt nur jene Datenbanken, die das regionale Einzugsgebiet von Schleswig-Holstein abdeckten, nicht thematisch spezialisiert waren und den Kriterien der Anbieterunabhängigkeit, Neutralität und Kostenlosigkeit entsprachen und außerdem zu den Suchbegriffen, auf die wir noch eingehen werden, relevante Treffer zu außerunterrichtlichen Medienbildungsangeboten aufwiesen. Als die für unsere Untersuchung einschlägigen Weiterbildungsdatenbanken erwiesen sich dabei folgende Portale:

http://sh.kursportal.info:

Das Projekt Kursportal SH wird durch das Ministerium für Wirtschaft, Verkehr, Arbeit, Technologie und Tourismus des Landes Schleswig-Holstein gefördert. Betreiber des Kursportals Schleswig-Holstein ist seit 2006 die Volkshochschule Pinneberg. Die Umsetzung erfolgt durch Mitarbeiter*innen mit Kenntnissen in den Bereichen Erwachsenenbildung, Netzwerkarbeit und Datenbanktechnologie. Hier finden sich offene Angebote sowie durch das Bundesamt für Migration und Flüchtlinge geförderte Kurse und Bildungsmaßnahmen, die von der Arbeitsagentur und vom Jobcenter bezahlt werden.

http://www.allekurse.de:

AlleKurse.de ist eine Kursdatenbank für Beruf, Gesundheit und Freizeit im Internet und wird von der Sylvenstein Media GmbH betrieben, die sich als Anbieter von Softwarelösungen und Dienstleistungen für das Bildungsmanagement versteht und als Bindeglied zwischen Bildungsanbietern und Bildungsinteressierten fungiert. Anbieter aus Deutschland, Österreich und der Schweiz präsentieren hier ihre Kurse und Seminare. Das Portal AlleKurse.de bietet eine Plattform, um direkt mit den Anbietern in Kontakt zu treten.

https://www.kursfinder.de/suche/schleswig-holstein-weiterbildung:

Die EMG – Educations Media Group, zu der auch kursfinder.de gehört, ist seit 2011 mit kursfinder.de Partner im professionellen Bildungsmarketing und als Weiterbildungsportal eine Anlaufstelle. Es versteht sich als Suchmaschine für die berufliche Weiterbildung. Neben dem Hauptsitz in Stockholm ist die EMG mit Niederlassungen in Kopenhagen, Helsinki, Oslo und Mannheim vertreten. Dabei lautet die Mission: „to help everyone in the world find the right education".

Der Internetrecherche wurden relevante Stichworte zugrunde gelegt, die ebenfalls in unserer Online-Befragung (vgl. Kapitel 1.2) Verwendung finden bzw. sich im semantischen Umfeld,

ISÖ
Institut für
Sozialökologie

der dort verwendeten Begrifflichkeiten bewegen. Die Recherche fand mit den folgenden Suchbegriffen statt: audio, audiovisuell, auditiv, Bürgermedien, Computer, CrossMedia, Digitale Bildung, Generation What?, Hate Speech, Hörerziehung, Hörwurm, Internet, Internet Seepferdchen, IuK-Medien, Lernen mit Medien, Medien, Medienangebot, Medienbildung, Medienkompetenz, Medienkonvergenz, Medienpädagogik, mediale Lernmethoden, Multimedia, Neue Medien, Shitstorm, Smartphone, Social Bots, Social Media, Sprach-, Lese- und Schreibförderung mit Medien, Stationenlernen (medial), Video, Videoinstallation, Videoperformance, visuell. Zu diesen Stichworten wurden insgesamt 1.166 Angebote identifiziert, die einen Medienbezug aufweisen. Dabei muss es sich nicht, wie bei den Angeboten der Mitglieder der Lenkungsgruppe des Netzwerkes Medienkompetenz Schleswig-Holstein, um solche Maßnahmen handeln, die sich primär mit medienpädagogischen Themen und Inhalten beschäftigen, sondern es können auch solche Angebote vertreten sein, in denen das Thema Medien lediglich als eines unter verschiedenen Teilaspekten behandelt wird. Erfasst werden hier Angebote, die zumindest einen relevanten Anteil von außerunterrichtlicher Medienbildung enthalten, soweit dies aus den Beschreibungen des Angebotes hervorgeht. Eingang in die Analyse finden deshalb sowohl ausschließlich auf die Medienbildung ausgerichtete Bildungsangebote als auch jene, die einen medienbildnerischen Aspekt im Curriculum bzw. der Ausschreibung ausweisen.

Wie der Blick auf die Rechercheergebnisse zeigt, finden sich unter den Ergebnissen primär Kursangebote kommerzieller Weiterbildungsanbieter, die überwiegend auf technische Inhalte ausgerichtet sind und auf den Erwerb instrumenteller Fähigkeiten abzielen. Außerdem gilt es zu berücksichtigen, dass hier nach Weiterbildungsangeboten recherchiert wurde; ob diese wirklich zustande gekommen sind, ist eine offene Frage, zu der keine Daten vorliegen.

Da über die Durchführung der Angebote keine Aussagen getroffen werden können, gibt es auch keine Erkenntnisse zu den mikrodidaktischen Aspekten, die in den zuvor dargestellten Untersuchungsabschnitten von Interesse waren; Gegenstand der Internetrecherche sind deshalb ausschließlich makrodidaktische Aspekte und Rahmenbedingungen.

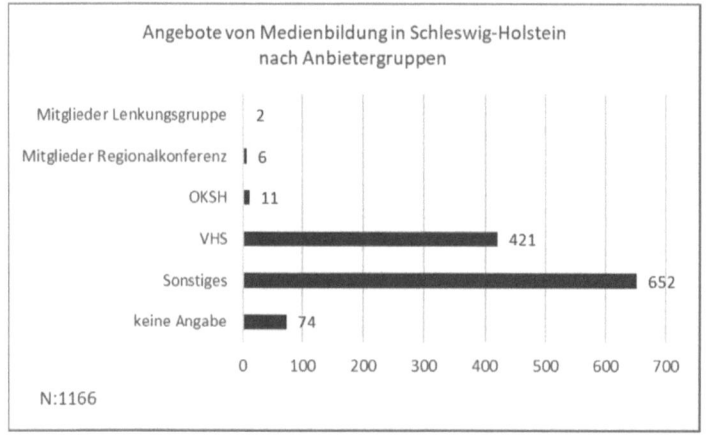

Abbildung 65: Angebote nach Anbietergruppen (Internetrecherche)

Von den gefundenen Medienbildungsangeboten entfallen 652 auf kommerzielle Weiterbildungsunternehmen und 421 auf Volkshochschulen (VHS) als öffentliche Erwachsenenbildungsträger. Bei diesen handelt es sich überwiegend um Kurse, die die Nutzung von einschlägigen PC-Anwendungsprogrammen, wie beispielsweise Textbearbeitungsprogrammen, auf einer technisch instrumentellen Ebene zum Inhalt haben. Von den Mitgliedern der Lenkungsgruppe des Netzwerkes Medienkompetenz Schleswig-Holstein ist der OKSH mit elf Angeboten und die Aktion Kinder- und Jugendschutz Schleswig-Holstein e.V. mit zwei Angeboten vertreten. Mitglieder der vier Regionalkonferenzen, zu denen der OKSH für das Netzwerk Medienkompetenz Schleswig-Holstein einlädt, sind mit sechs Angeboten vertreten. Diese stammen von der Internationalen Bildungsstätte Jugendhof Scheersberg, dem Jugendverband Neumünster e.V. und dem Berufsbildungszentrum Schleswig.

In der Gruppe der sonstigen Anbieter von Medienbildung finden sich besonders häufig Angebote der folgenden Einrichtungen: WBS Akademie der WBS TRAINING AG, Deutsche Angestellten-Akademie mit unterschiedlichen Standorten, cimdata Bildungsakademie GmbH, IBB Institut für Berufliche Bildung AG, software.house GmbH, Dataport IT Bildungs- und Beratungszentrum, Haufe Akademie GmbH & Co. KG, COMCAVE.COLLEGE® GmbH, ILS Institut für Lernsysteme GmbH, alfatraining Bildungszentrum e.K., Euro-Schulen, Deutsches Erwachsenen-Bildungswerk gemeinnützige GmbH und Institut für berufliche Aus- und Fortbildung GmbH (IBAF).

ISÖ
Institut für
Sozialökologie

Der Befund, dass der OKSH sowie auch die anderen Mitglieder des Netzwerkes Medienkompetenz Schleswig-Holstein in den analysierten drei Datenbanken so gering bzw. gar nicht repräsentiert sind, erklärt sich daraus, dass diese ihre Medienbildungsangebote nicht systematisch in die analysierten Datenbanken einpflegen und stattdessen ihre Angebote über die eigenen Homepages sowie entsprechende Rundmails bewerben.

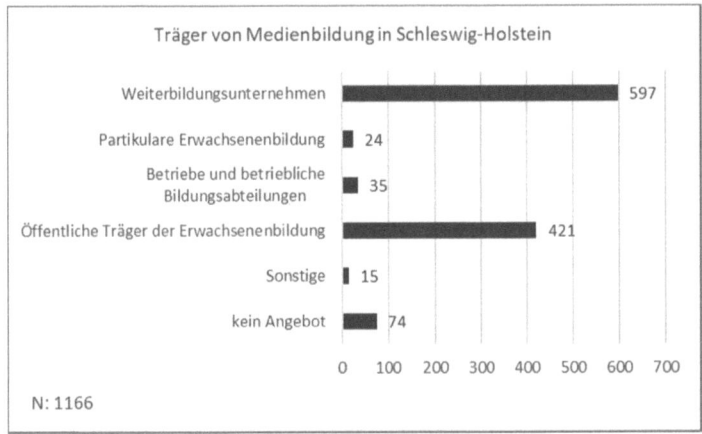

Abbildung 66: Träger von Medienbildung (Internetrecherche)

Zu den öffentlichen Erwachsenenbildungsträgern zählen die Volkshochschulen. Zu der Gruppe der partikularen Erwachsenenbildungsträger werden die freien Träger gerechnet, z. B. Gewerkschaften, Kirchen und Arbeitgeberverbände. Ziel dieser beiden Trägertypen ist es, den Bildungsauftrag ihrer Großgruppe bzw. den öffentlichen Bildungsauftrag der Länder und Kommunen zu erfüllen. Bei den Weiterbildungsunternehmen handelt es sich um kommerzielle Anbieter, die ihre Angebote auf dem Markt gewinnbringend verkaufen möchten. Betriebliche Bildungsabteilungen verkaufen ihre Angebote an die anderen Abteilungen des jeweiligen Unternehmens; sie sind deshalb auch in ökonomischen Kategorien mit externen Bildungsträgern zu vergleichen.

Ein Blick auf die Träger der Medienbildungsangebote zeigt, dass kommerzielle Weiterbildungsunternehmen mit 597 Angeboten dominieren. Der zweite relevante Anbieter sind die Volkshochschulen mit 421 Angeboten.

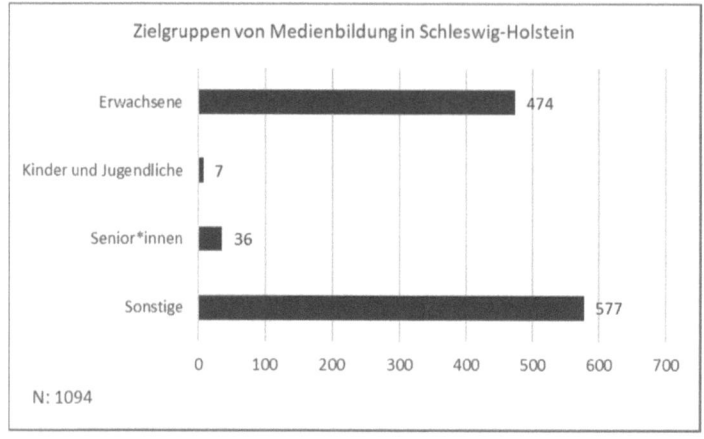

Abbildung 67: Zielgruppen von Medienbildung (Internetrecherche)

Die Medienbildungsangebote richten sich in der überwiegenden Mehrzahl an fest umrissene Zielgruppen, die in Abhängigkeit von ihren Vorkenntnissen in Einsteiger*innen, Fortgeschrittene bzw. Spezialist*innen differenziert werden und als solche auch angesprochen werden. Wegen der Vielzahl an Kategorien der medientechnischen Angebote wird hier allerdings nicht weiter darauf eingegangen. Daneben finden sich auch die allgemeinen Differenzierungen nach Altersklassen (Kinder und Jugendliche, Erwachsene und Senioren) bzw. dem Geschlecht.

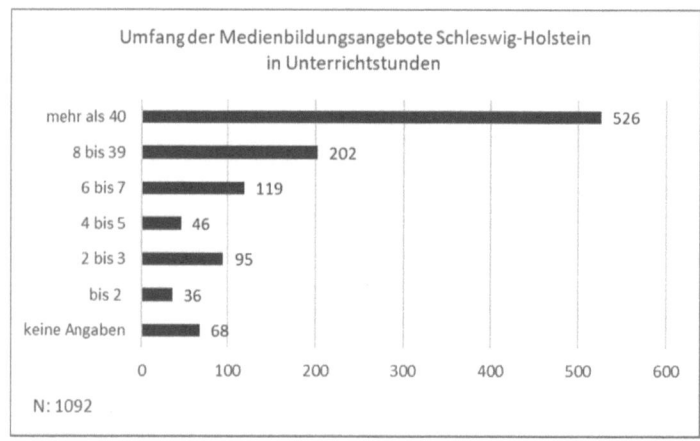

Abbildung 68: Umfang der Angebote in Unterrichtsstunden (Internetrecherche)

ISÖ
Institut für
Sozialökologie

Rund die Hälfte des Medienbildungsangebotes hat einen Gesamtumfang von mehr als 40 Stunden; die andere Hälfte liegt zum Teil deutlich darunter, wobei festzustellen ist, dass mit einer steigenden Unterrichtsstundenzahl fast kontinuierlich die Zahl der Angebote zunimmt.

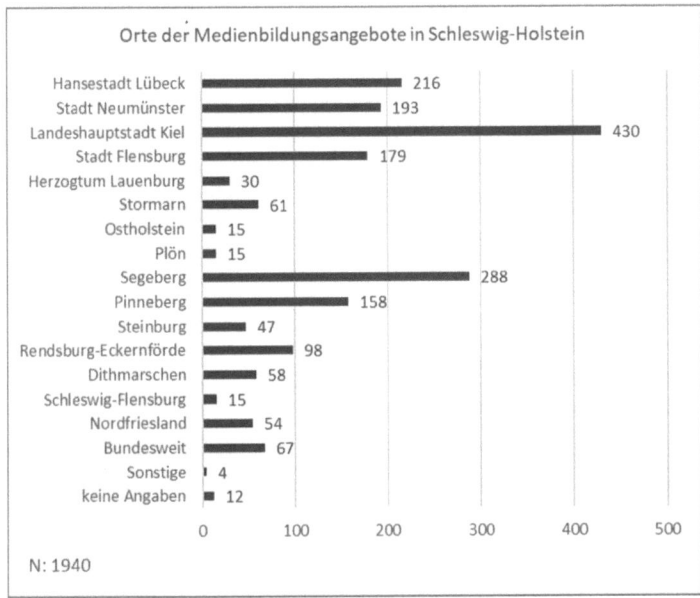

Abbildung 69: Orte der Medienbildungsangebote (Internetrecherche)

Ein Blick auf die Orte, an denen die Medienbildungsangebote durchgeführt werden, zeigt, dass die 1092 Angebote an 1940 Veranstaltungsorten durchgeführt werden; diese konzentrieren sich auf die Ballungszentren; hier dominieren eindeutig die Städte und Ballungsregionen gegenüber den ländlich strukturierten Gebieten.

ISÖ
Institut für
Sozialökologie

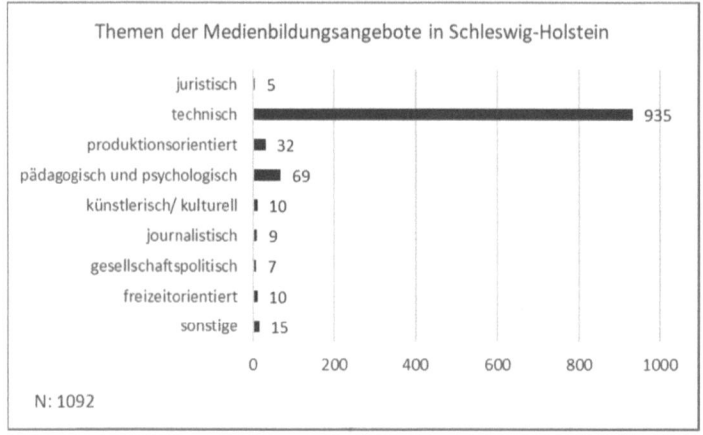

Abbildung 70: Themen der Medienbildungsangebote (Internetrecherche)

Die überwiegende Anzahl der Angebote stellen mit 935 technische Medienbildungsinhalte dar; gemessen an den technischen Angeboten machen diejenigen mit pädagogischen und psychologischen Themen gerade einmal 7,4 % aus. Auf letztere werden wir noch gesondert eingehen (vgl. Abb. 75 ff.).

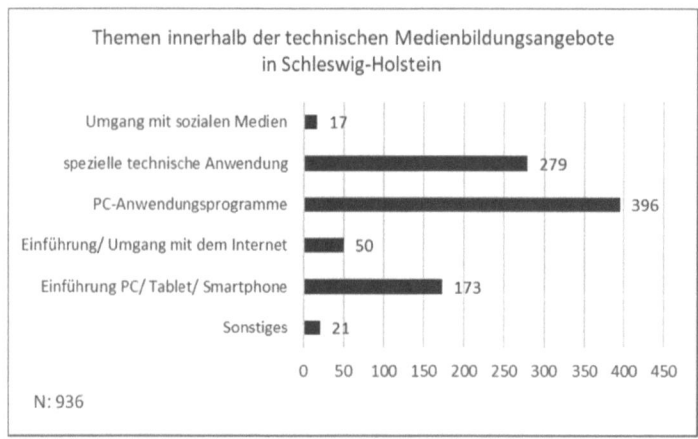

Abbildung 71: Themen innerhalb der technischen Angebote (Internetrecherche)

ISÖ
Institut für
Sozialökologie

Zu den technischen Medienbildungsangeboten zählen u.a. Einführungskurse für PC, Tablet, Smartphone und andere Geräte, Einführungskurse zum Umgang mit dem Internet, PC-Anwendungsprogramme, Programmierkurse, Kurse zum Umgang und der Nutzung sozialer Medien, spezielle technische Anwendungen sowie sonstige Kurse.

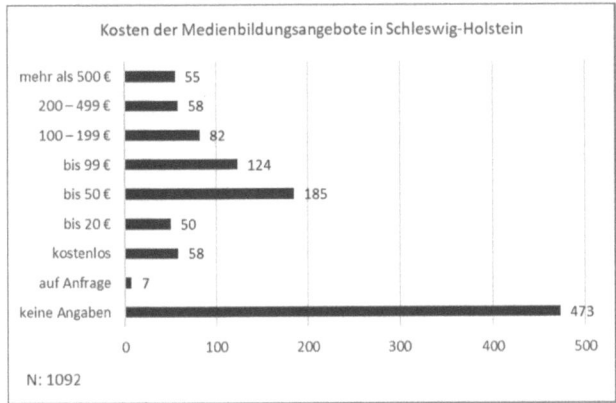

Abbildung 72: Kosten der Medienbildungsangebote (Internetrecherche)

Die Ergebnisse zu den Kosten der Medienbildungsangebote sind nur begrenzt aussagekräftig, da sich in 473 Fällen hierzu keine Angaben finden. Es lässt sich allerdings feststellen, dass die Mehrzahl der Angebote (417), für die ein Preis angeben wird, im Preissegment unterhalb von 100 € liegen.

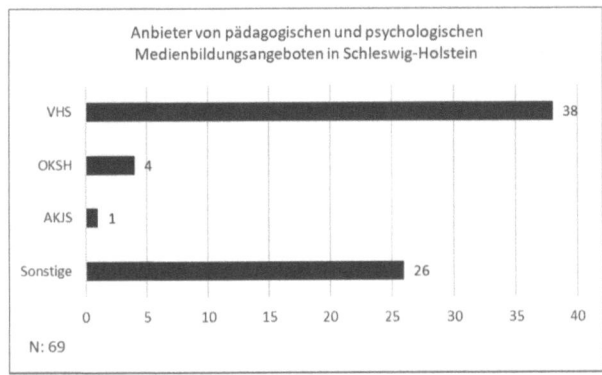

Abbildung 73: Anbieter von pädagogischen und psychologischen Medienbildungsangeboten (Internetrecherche)

Werfen wir nun einen intensiveren Blick auf die pädagogischen und psychologischen Medi-enbildungsangebote. 69 Angebote fallen in den engeren Bereich des Aufbaus von Medien-kompetenz mit Inhalten und Themen, die eine pädagogische und psychologische Ausrich-tung haben. Von diesen Angeboten entfallen 38 auf zwölf Volkshochschulen, vier auf den Offenen Kanal Schleswig-Holstein (OKSH) und eins auf die Aktion Kinder- und Jugendschutz (AKJS).

Unter der Kategorie „Sonstige" finden sich die folgenden Anbieter: Laudius GmbH, Fernaka-demie für Erwachsenenbildung, ILS - Institut für Lernsysteme, AEZ-Seminare & Consulting, Comelio GmbH, Deutsches Erwachsenen-Bildungswerk gemeinnützige GmbH, PROAKTIV Management AG, Wirtschaftsakademie Schleswig-Holstein GmbH, Campus Akademie GmbH, AS Computertraining, Deutscher Kinderschutzbund Landesverband Schleswig-Holstein e.V., Datenschutz-Akademie Schleswig-Holstein, Metaplan, BBZ Plön - Abteilung Weiterbildung, Osterberg-Institut der Karl Kübel Stiftung, Pichler Seminare, Institut für Berufli-che Aus- und Fortbildung gGmbH, Institut für berufliche Aus- und Fortbildung GmbH und Be-rufsbildungszentrum Schleswig.

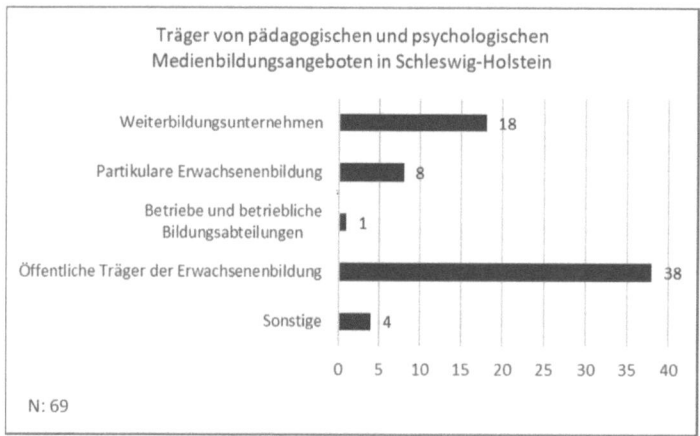

Abbildung 74: Träger von pädagogischen und psychologischen Medienbildungsange-boten (Internetrecherche)

Das Angebot an pädagogischen und psychologischen Medienbildungsangeboten wird ein-deutig von den öffentlichen Erwachsenenbildungseinrichtungen und hier ausschließlich von den VHS und ihrem Kooperationspartner dem OKSH, dominiert.

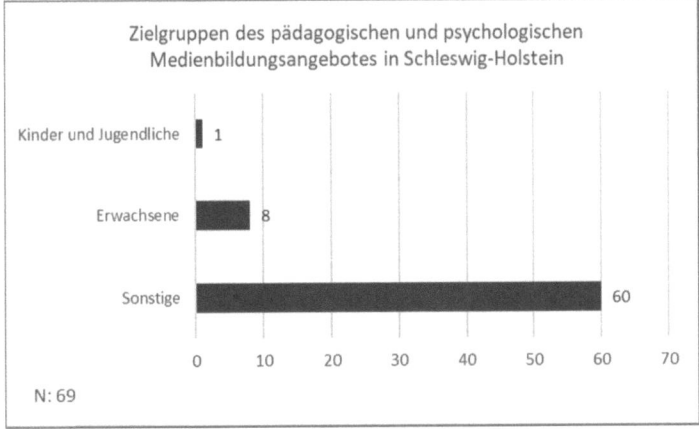

Abbildung 75: Zielgruppen des pädagogischen und psychologischen Medienbildungs-angebotes (Internetrecherche)

Als Zielgruppen werden fast ausschließlich Erwachsene und Sonstige angegeben; hinter letzteren verbergen sich diverse Multiplikator*innen im pädagogischen Bereich.

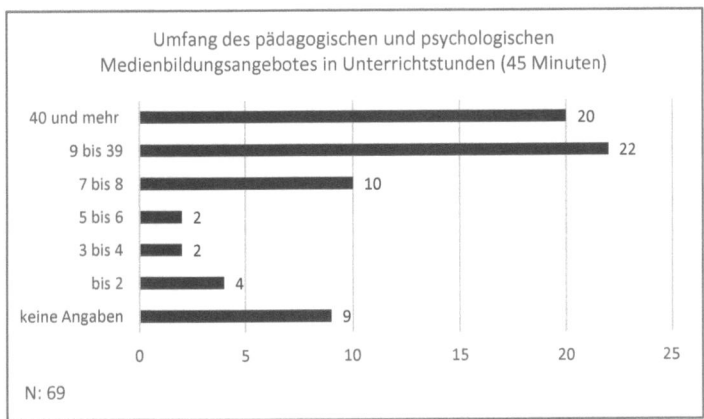

Abbildung 76: Umfang des pädagogischen und psychologischen Medienbildungsange-botes (Internetrecherche)

Das Stundenvolumen der Angebote liegt zu knapp 60 % bei zwei bis 39 Unterrichtsstunden. Bei den Volkshochschulangeboten handelt es sich zum einen um wenige Stunden umfassende Fortbildungen methodisch-didaktischer Art für Kursleiter*innen, digitale Stammtische,

Inhalte rund um das Thema „Sicherheit im Internet" sowie bei den mehrere Stunden umfassenden Angeboten um Multiplikator*innenfortbildungen des Projektes „Medien sind überall",
die in Kooperation mit dem OKSH angeboten werden.

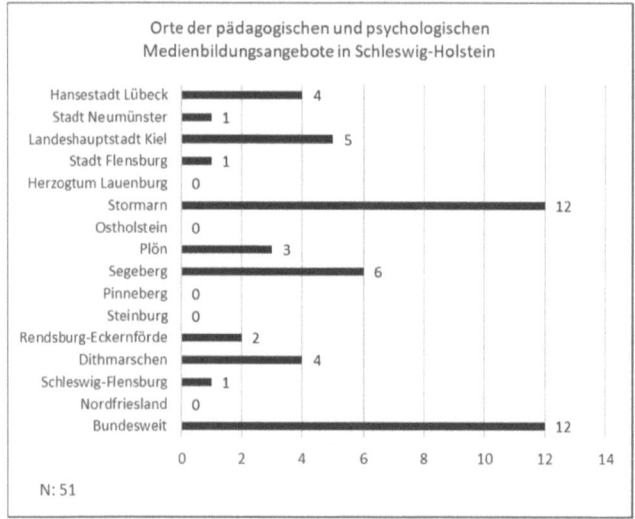

Abbildung 77: Orte der pädagogischen und psychologischen Medienbildungsangebote
(Internetrecherche)

Bezüglich der Orte, an denen die pädagogischen und psychologischen Angebote realisiert
werden, fällt einerseits auf, dass in zwölf Fällen keine spezifische Ortsangabe zu finden ist,
was sich hinter „bundesweit" verbirgt, und andererseits keine explizite Fokussierung auf
städtische Regionen zu finden ist.

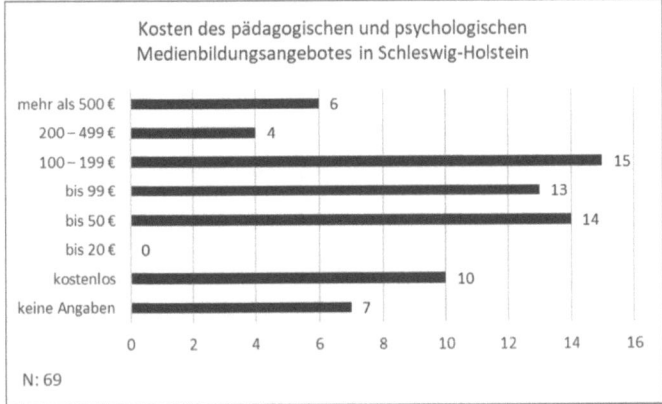

Abbildung 78: Kosten der pädagogischen und psychologischen Medienbildungsange-bote (Internetrecherche)

Fast 15 % der Angebote sind für die Teilnehmer*innen kostenlos, in rd. 60 % der Fälle liegen die Kosten zwischen 21 und 199 Euro und in ebenfalls rd. 15 % liegen die Kosten darüber.

Bei den hochpreisigen Medienbildungsangeboten handelt es sich in der Regel um Fernstudienangebote; Beispiele hierfür sind die Fernlehrgänge „Kinder und Medien" der Laudius GmbH sowie „Bildung, Erziehung und Betreuung im Schulkind- und Jugendalter" des Deutschen Erwachsenen-Bildungswerk gemeinnützige GmbH.

Die Zusammenfassung der Ergebnisse zur Internetrecherche findet sich in Kapitel 5.

1.4 Die Ergebnisse der Auswertung der qualitativen Interviews

Gegenstand der hier vorgelegten Auswertung sind die Transkriptionen der leitfadengestützten Expert*inneninterviews, die mit allen 16 Mitgliedseinrichtungen der Lenkungsgruppe des Netzwerks Medienkompetenz Schleswig-Holstein, drei Vertreter*innen der Regionalkonferenzen des Netzwerks Medienkompetenz Schleswig-Holstein, zwei Mitgliedern des OKSH Beirates sowie drei externen Expert*innen in Sachen Medienbildung geführt wurden.

Die Interviews wurden in 19 Fällen als persönliches Interview vor Ort in den Einrichtungen der Interviewten durchgeführt. Wenn aus terminlichen Gründen keine persönlichen Interviews zustande kamen, wurden Telefoninterviews vereinbart. Von den sechs Telefoninterviews entfielen je zwei Interviews auf Lenkungsgruppenmitglieder des Netzwerks Medienkompetenz Schleswig-Holstein, Vertreter*innen der Regionalkonferenzen des Netzwerks Medienkompetenz Schleswig-Holstein sowie externe Expert*innen. Die Interviews fanden sämtlich im Herbst 2017 statt und dauerten in der Regel zwischen 45 und 120 Minuten; sie wurden anschließend alle vollständig transkribiert und inhaltsanalytisch ausgewertet.

In einigen Fällen war die Netzwerkanalyse (vgl. Kapitel 4) in die Interviews integriert, in anderen fand diese im Anschluss an die Interviews statt. Da den interviewten Personen Anonymität zugesagt wurde, wird auf eine namentliche Zuordnung von Aussagen verzichtet; dies gilt es zu berücksichtigen, wenn im Folgenden Zitate angeführt werden. Lediglich dort, wo es nicht so sehr um Einschätzungen und Meinungen, sondern objektive Rahmenbedingungen geht, werden bestimmte Träger- bzw. Einrichtungsbereiche mit ihren zum Ausdruck gebrachten Anliegen erwähnt. Auf eine quantitative Auszählung einzelner Äußerungen wird bewusst verzichtet, da dies der qualitativen Herangehensweise der Interviewauswertung widerspricht. Es geht hier nicht um Häufigkeiten, sondern die inhaltliche Würdigung der Beiträge, die im Sinne einer theoretischen Sättigung der Argumentationen betrachtet werden. Die „Sättigung" ist erreicht, wenn der Forscher mit neu erhobenen Daten keinen Informationsgewinn mehr erzielen kann, das heißt, die Daten liefern keine Abweichungen oder Unterschiede mehr (Glaser & Holton 2011). Wie die Auswertung der Interviews zeigt, wurde diese Sättigung erreicht. Zum Teil wird in den Interviews auf Situationen Bezug genommen, die sich seit den Interviews bereits grundlegend geändert haben; dies betrifft insbesondere den Internetauftritt des OKSH, der zwischenzeitlich komplett überarbeitet wurde.

1.4.1 Die Beurteilung des gegenwärtigen Angebots an der außerunterrichtlichen Medienbildung in Schleswig-Holstein

Zu Beginn der Interviews haben wir die Interviewten darum gebeten, das gegenwärtige Angebot an außerunterrichtlicher Medienbildung in Schleswig-Holstein aus ihrer Sicht zu beurteilen. Auffällig war hier, dass es der überwiegenden Mehrzahl der Befragten schwerfällt, hierzu eine Einschätzung abzugeben; die Interviewten beziehen sich deshalb lieber darauf, sich bei der Beantwortung dieser Frage auf den Bereich der eigenen Institution zu beschränken. Diese Reaktionen sind ein Indiz dafür, dass wir es hier, wie es auch zum Teil direkt ausgedrückt wird, mit einem für viele „unübersichtlichen Feld der Anbieter und Angebote" zu tun haben, das zum Teil wesentlich durch viel Engagement und Ehrenamtlichkeit getragen wird.

ISÖ
Institut für
Sozialökologie

Soweit sich die Interviewten ein Urteil zutrauen, beschreiben sie das Angebot hinsichtlich seiner Qualität als insgesamt gut und bezüglich seiner Quantität als ausbaubedürftig. Eine Interviewpartner*in verweist auf den bereits vor einigen Jahren gescheiterten Versuch einen medienpädagogischen Atlas für Schleswig-Holstein zu erstellen. Als Spezifikum der Medienbildung in Schleswig-Holstein werden wiederholt zwei Aspekte hervorgehoben, zum einen die besondere Stellung des OKSH, der sich im Bereich der aktiv-befürwortenden Medienbildung (Willers 2017a) traditionell besonders stark engagiert und zum anderen die exponierte Stellung der rund zwanzig hauptamtlichen Jugendschutzbeauftragten bei den Städten und Kreisen, die sich besonders stark im präventiven Jugend(medien-)schutz engagieren.

Das Themenspektrum der außerunterrichtlichen Medienbildung wird insgesamt hinsichtlich der Aktualität der Inhalte positiv beurteilt. Von einigen der Interviewten wird die Frage aufgeworfen, darauf zu achten, ob bei der Konzipierung des außerunterrichtlichen Medienbildungsangebotes die Angebots- oder die Nachfrageorientierung im Vordergrund steht. Damit verbunden ist die Frage, ob von den Expert*innen für die entsprechenden Zielgruppen Medienbildungsangebote kreiert werden, oder ob diese in Abhängigkeit von den Lebenslagen der potenziellen Adressat*innen der Medienbildung diskursiv mit ihnen in einem partizipativen Prozess entwickelt werden. Außerdem wird angeführt, dass es aufgrund der sich zum Teil rasant wandelnden Trends im Medienbereich nicht darum gehen könne, mit den Angeboten hinter den jeweiligen technischen Entwicklungen „hinterherzuhecheln", sondern dass es vielmehr darauf ankomme, in der medienpädagogischen Arbeit an den Haltungen zu arbeiten. Dies sei nachhaltiger, weil einmal gewonnene Haltungen es ermöglichen, einen inneren Kompass für das eigene Handeln angesichts schnelllebiger technologischer Entwicklungen auszubilden.

Das Zielgruppenspektrum der außerunterrichtlichen Medienbildungsangebote weist aus der Sicht der Befragten eine große Vielfalt mit einem eindeutigen Schwerpunkt bei den Kindern, Jugendlichen sowie bei den Multiplikator*innen (Lehrer*innen, Erzieher*innen, Eltern, Sozialpädagog*innen etc.) auf. Die starke Fokussierung einiger Träger auf KiTa und Grundschule wird mit deren zentraler Bedeutung als Orte der heutigen Medienbildung begründet. Für junge Erziehende im Bereich der unter Dreijährigen, die mittlere Generation sowie Senioren gebe es relativ wenig Angebote. Bedauert wird zum Teil, dass bildungsferne und sozial benachteiligte Bevölkerungsschichten auch mit den Angeboten der Medienbildung nicht hinreichend erreicht werden könnten. Dass die Medienbildungsangebote nicht grundsätzlich kostenfrei angeboten werden können, erweise sich gerade hier als ein Hemmnis.

ISÖ
Institut für
Sozialökologie

Hinsichtlich der regionalen Verteilung wird mit dem Hinweis auf die schwierige Situation in einem Flächenland eine gewisse Disparität zwischen der Versorgung von ländlichen Gebieten im Vergleich zu den städtischen Zentren beklagt. Insbesondere wird die strukturelle Benachteiligung der Westküste angesprochen. Zur Behebung der regionalen Diaparitäten wird von einigen der Vorschlag gemacht, ein durchs Land fahrendes Medienmobil anzuschaffen, das auch die Randregionen erreicht und dort Medienbildungsangebote realisiert (vgl. 1.4.3). Entsprechende Ansätze hätte es bereits vor Jahren gegeben; Interviewpartner*innen berichteten bspw. vom „Fischauge, dem rollenden Mediencamp". Von einem flächendeckenden und systematischen Medienbildungsangebot könne derzeit noch keine Rede sein, so die überwiegende Meinung.

Die Einschätzung des Einsatzes innovativer methodisch-didaktischer Ansätze und moderner Medientechnik im Lehr-Lern-Prozess (wie bspw. Smartboard) wird eher zurückhaltend beantwortet; es herrschten – so die allgemeine Auffassung – eher noch die traditionellen Formen von Medienbildung vor. Im Bereich der öffentlichen Bildungsträger, wie der Volkshochschulen, die sich in kommunaler Trägerschaft befinden, stelle es bspw. ein Problem dar, in den Einrichtungen und Seminarräumen WLAN zu nutzen, da dies nicht vorgehalten wird bzw. aus verwaltungsinternen Gründen nicht genutzt werden dürfe, obwohl die rechtlichen Probleme mit der Nutzerhaftung inzwischen ausgeräumt sein dürften. Nicht selten sei zudem – wie ein externer Experte feststellt – die technologische Ausstattung häufig sehr restriktiv und die Mitarbeiter*innen besäßen zum Teil keinen eigenen Account.

E-Learning-Angebote ebenso wie solche des Blended Learnings finden sich nur ganz vereinzelt, wenngleich betont wird, dass zukünftig hier Aktivitäten entfaltet werden sollen. Mit Blick auf die Zielgruppe der Multiplikator*innen wird zu Bedenken gegeben, dass diese im Wesentlichen Beziehungsarbeiter*innen seien, die selbst großen Wert auf einen persönlichen Beziehungsaufbau als Basis für ihre haltungs- und wertorientierte Arbeit legen. Eine reine Wissensvermittlung ließe sich sicherlich gut über E-Learning-Angebote realisieren, doch in den handlungsorientierten Medienbildungsprozessen ginge es darüber hinaus um diskursive Auseinandersetzungen auf Augenhöhe, nur so ließe sich auch an Haltungen arbeiten. Deshalb kämen reine E-Learning-Angebote weniger in Frage. Einige berichten auch davon, dass sie Webinare angeboten hätten, die aber „nicht so gut angenommen" worden seien. Konzepte eines Blended Learnings werden hingegen positiver eingeschätzt. Als Beleg wird die eher schlechte Resonanz auf reine Onlinefortbildungen angeführt. Es gibt auch Stimmen, die davor warnen, Angebote „nur noch digital stattfinden zu lassen"; dies würde dem Anspruch „alle mitzunehmen" nicht gerecht und die Unterschiede eher vergrößern statt sie auszugleichen. Was sich einige Interviewten allerdings vorstellen können, und deshalb auch anregen, ist der verstärkte Einsatz von Erklär-Videos, unabhängig davon, ob diese selbst oder fremdproduziert sind.

Die systematische Verzahnung außerunterrichtlicher mit den unterrichtlichen Medienbildungsangeboten ist für die meisten Befragten eine bleibende Herausforderung, für die gegenwärtig keine Lösungen gesehen wird, zumal eine schulische Medienbildung jenseits der IT-bezogenen nur rudimentär existieren würde, so die Meinung von Vertreter*innen der außerschulischen Jugendbildung. In Ganztagsschulen seien die strukturellen Voraussetzungen für eine systematische Verzahnung außerunterrichtlicher mit den unterrichtlichen Medienbildungsangeboten besser. Dort wo Menschen, auf einer vollen Stelle mit einem institutionellen Auftrag, sich der Verzahnung außerunterrichtlicher mit den unterrichtlichen Medienbildungsangeboten widmen könnten, z.B. Schulsozialarbeiter, ließen sich vorzeigbare Erfolge erzielen, dies bliebe aber die Ausnahme. Insbesondere dort, wo sich kleinere außerschulische Lernorte mit ihren Angeboten behaupten und erst durchsetzen müssten, sei die Situation in Bezug auf die systematische Verzahnung der Angebote schwierig. Ähnlich herausfordernd wird die Situation aus Sicht jener Personen beschrieben, die sich seitens der Schulen bzw. des IQSH um eine Verzahnung bemühen; hierfür stünden allerdings auch nicht die erforderlichen Ressourcen in dem notwendigen Umfang zur Verfügung. Andererseits wird aber auch der Hoffnung Ausdruck verliehen, dass die Angebote insbesondere des OKSH nach einer Übergangsphase von vielleicht zehn Jahren selbstverständlicher Teil des Schulalltags werden.

Von einigen Interviewpartner*innen wird die Differenzierung in außerunterrichtliche und unterrichtliche Medienbildungsangebote kritisch hinterfragt. Diese Unterscheidung sei weniger eine, die sich aus realen Problemlagen, sondern vielmehr aus administrativen Zuständigkeiten ergäbe und deshalb aus politischen Gründen eingeführt worden sei. Von den Vertreter*innen dieser Position wird nachdrücklich die Medienbildung als öffentliche Aufgabe definiert. Es sei deshalb auch die Aufgabe des Staates, Medienbildung breit in allen Studien- und Ausbildungsordnungen des pädagogischen Personals auf allen Ebenen in den entsprechenden Curricula zu verankern. Solange dies allerdings noch nicht flächendeckend überall der Fall wäre, hätten die Medienbildungsangebote der verschiedenen Akteure, wie sie in der Lenkungsgruppe des Netzwerkes Medienkompetenz Schleswig-Holstein vertreten wären, eine „Geburtshelferaufgabe". Die entsprechende medienpädagogische Projektarbeit sei deshalb immer nur vorläufig, da sie einem subsidiären Selbstverständnis zu folgen habe. Die vornehmste Aufgabe sei es deshalb, durch Koordination und Kooperation die Voraussetzungen und Bedingungen dafür zu schaffen, dass der „Prozess der Übernahme von Medienbildung in eine staatliche Aufgabe" gelingen könne. Es komme deshalb darauf an, die Verantwortlichen in den entsprechenden Einrichtungen, die für die Aus-, Fort- und Weiterbildung des pädagogischen Personals auf den unterschiedlichen Ebenen zuständig seien, „wachzuküssen". Sobald diese Aufgabe erfüllt sei, könnte sich die außerunterrichtliche bzw. außerschulische Medienbildung getrost zurückziehen. Momentan sei dies aber noch überhaupt nicht absehbar.

Hinsichtlich der Nachhaltigkeit der selbst realisierten außerunterrichtlichen Medienbildungsangebote Aussagen zu treffen, tun sich die meisten Befragten sichtlich schwer. Es fehlt an systematischen Untersuchungen zu den mittel- und langfristigen Wirkungen der Angebote. Deshalb konzentrieren sich die Einschätzungen zu dieser Frage auf subjektive Erfahrungen, die aber durchweg positiv ausfallen. Die Interviewten sind sich einig, dass eine zuverlässige Einschätzung zur Nachhaltigkeit der Medienbildungsangebote, gerade dann, wenn man überwiegend präventiv arbeite, einen erheblichen Aufwand erfordert, für den gegenwärtig keine sachlichen und personellen Ressourcen zur Verfügung stünden. Nachhaltigkeit lasse sich, so die häufig vertretene Auffassung, erst für solche medienpädagogischen Initiativen und Projekte relativ zuverlässig konstatieren, die über einen zwei- bis dreijährigen Zeitraum kontinuierlich realisiert, begleitet und systematisch ausgewertet werden.

Abschließend sei zu diesem Themenkomplex noch auf einen Aspekt hingewiesen, der auch in den Interviews vereinzelt thematisiert wird und der – wie die Metastudie von Hattie (2009) zeigt – von zentraler Bedeutung ist, nämlich die Rolle der Medienpädagog*innen. Deren Begeisterung, Phantasie und Neugierde sei eine zentrale Gelingensbedingung für jegliche pädagogische Arbeit, so auch die Medienbildung.

Eine fundamentale Kritik an der heute praktizierten (Medien-)Bildung wird von einem externen Experten geäußert. Dieser vertritt die Meinung, dass in der traditionellen Medienbildung, die Medien zu sehr aus dem lebensweltlichen Kontext der Teilnehmer*innen gelöst werden, indem sich sogenannte Expert*innen für definierte Zielgruppen Inhalte und Programme, mit einem zum Teil zeitlich sehr großen Vorlauf, ausdenken. Diese Entwicklung geht für ihn in die falsche Richtung. Das Gegenmodell hierzu sieht für diesen Experten so aus: An öffentlich gut zugänglichen Orten, die institutionell an Bildungseinrichtungen und andere Organisationen angebunden sein können, werden Räume zur Verfügung gestellt, in denen Menschen dabei Unterstützung erfahren können, ihren eigenen Lern- und Bildungsinteressen nachzugehen.

Diese offenen Räume sollen „wie ein Vakuum funktionieren", die einen Sog entfalten und in denen Menschen ihren selbst gestellten Lerninteressen folgen. Diese Räume werden als ein „Pendant zum Netz im Web" angesehen. Beispiele hierfür seien Coworking Spaces (Wolfsburg), Techniklabore im Sinne von Makerspaces, FabLabs (Lübeck), RepairCafes (Neumünster, Bad Segeberg) bzw. digitale Bürgerzentren.

Mit den im Aufbau befindlichen Digitalen Knotenpunkten als Kooperationsprojekten von Volkshochschulen und Bibliotheken werden ja bereits in dieser Richtung konkrete Schritte unternommen (vgl. 3.3). Auch die konzeptionelle Erweiterung der vier Offenen Kanäle geht in diese Richtung, so dass sie Teilfunktionen der Digitalen Knotenpunkte übernehmen können. In diesen Räumen sollen für Menschen Gelegenheiten geschaffen werden, experimentell zu erfahren, wie sie Kompetenzen für die digitale Teilhabe in der zukünftigen Gesellschaft erwerben können. Im Vordergrund sollte deshalb nicht mehr die Medienbildung, sondern die digitale Alphabetisierung stehen. In diesen Räumen gilt es darüber in einen Dialog zu treten, wie die Digitalisierung die Gesellschaft und damit die Lebenswelt der Menschen verändert und wie sie diese Veränderung selbst mitgestalten können. Für die traditionellen Anbieter von Medienbildung lautet deshalb die neue Herausforderung: wie können wir unseren Beitrag dazu leisten, die Voraussetzungen und Bedingungen für digitale Teilhabe in der Gesellschaft zu schaffen (Albrecht & Revermann 2016, S. 27). Deshalb besteht auch die Aufgabe nicht primär darin, Bildung zu digitalisieren, sondern mit der Bildung eine Antwort auf die digitalisierte Gesellschaft zu finden (Deutscher Volkshochschul-Verband 2015).

Nicht nur aus dem Interview des zitierten Experten, sondern auch aus den Äußerungen von einigen der anderen Interviewten lässt sich erkennen, dass sie im Zuge der fortschreitenden Digitalisierung unserer Gesellschaft davon ausgehen, dass sich auch unser Verständnis der Organisation von Lern- und Bildungsprozessen grundlegend verändern wird. An die Stelle von curricular vorstrukturierten Programmen, in denen es um die Vermittlung von Wissen geht, wird es künftig verstärkt darauf ankommen, dass die Bildungsanbieter zu Architekt*innen von Lehr-Lern-Arrangements werden, in denen die (Medien-)Pädagog*innen zu Begleitern und Coaches der je individuellen Lernprozesse von Menschen werden. Auf die veränderte Rolle von Lehrenden als Lernbegleiter in digital gestützten Lehrprozessen weist auch die Kultusministerkonferenz (2017, S. 57) hin.

1.4.2 Das medienpädagogische Landeskonzept Schleswig-Holstein

Das aus dem Jahre 2010 stammende medienpädagogische Landeskonzept (Netzwerk Medienkompetenz Schleswig-Holstein 2010) ist lediglich einem engeren Kreis der Lenkungsgruppenmitglieder und Beiratsmitglieder präsent. Den interviewten Vertreter*innen der Regionalgruppen ist es nicht bekannt. Diejenigen, die es kennen, sind überwiegend der Auffassung, dass es in seiner allgemeinen Diktion durchaus noch als aktuell verstanden werden könne, allerdings aufgrund der rasanten Entwicklungen auf dem Gebiet der Medien in den letzten Jahren einer Aktualisierung und Überarbeitung bedarf. In diesem Zusammenhang wird u.a. wiederholt auf die Strategie der Kultusministerkonferenz (2017) zur „Bildung in der digitalen Welt", die „Digitale Agenda Schleswig-Holstein" (Der Ministerpräsident des Landes Schleswig-Holstein 2016) sowie die Informationen der Landesregierung zur Medienkompetenzvermittlung in Schleswig-Holstein (Der Ministerpräsident des Landes Schleswig-Holstein 2017) als Referenzpunkte verwiesen.[2] Es wird angeregt, im Sinne einer Selbstvergewisserung nach der perspektivischen Zielsetzung des medienpädagogischen Landeskonzeptes und seiner Positionierung auch in Bezug auf die anderen Positionspapiere eine Antwort zu formulieren.

Des Weiteren wird der Vorschlag unterbreitet, an der inhaltlichen Überarbeitung des medienpädagogischen Landeskonzeptes einen größeren Kreis von interessierten Expert*innen zu beteiligen und diese Aufgabe nicht nur im Kreis der Lenkungsgruppe des Netzwerkes Medienkompetenz Schleswig-Holstein zu belassen.

Eine Herausforderung wird darin gesehen, deutlich zu machen, dass der Medieneinsatz nicht auf technische Fragestellungen begrenzt werden darf, sondern dass vielmehr die hiermit verbundenen gesellschaftlichen Veränderungsprozesse in den Blick zu nehmen sind.

Es gibt auch Stimmen, die eher grundsätzlich die Frage aufwerfen, inwiefern das medienpädagogische Landeskonzept wirklich leitend für die eigene medienpädagogische Arbeit ist. Es wird deshalb vorgeschlagen, das Augenmerk nicht so sehr auf eine zu erarbeitende „geschlossene Konzeption" zu legen, sondern mehr über medienpädagogische Standards zu reden, an die sich alle gebunden fühlen.

---

[2] Das Digitalisierungsprogramm Schleswig-Holstein (2018) lag zum Zeitpunkt der Interviews noch nicht vor.

1.4.3 Die gegenwärtige Organisationsstruktur der außerunterrichtlichen Medienbildung in Schleswig-Holstein

Die gegenwärtige Organisationsstruktur der außerunterrichtlichen Medienbildung in Schleswig-Holstein ist dadurch gekennzeichnet, dass verschiedene Anbieter eigenverantwortlich ihre Angebote unterbreiten und sich Koordinationsgremien wie die Lenkungsgruppe des Netzwerkes Medienkompetenz Schleswig-Holstein darüber austauschen. Es handelt sich dabei in der Regel um stationäre Angebote. Zwei Interviewpartner*innen unterbreiten den Vorschlag, mobile Makerspaces bzw. Medienmobile anzuschaffen, die mit einer entsprechenden personellen und technischen Medienausstattung gerade auch den Menschen in verkehrstechnisch nicht so gut erschlossenen ländlichen Regionen ein Medienbildungsangebot unterbreiten können. Die Vorstellung ist hier, dass sich verschiedene Einrichtungen zusammentun, um ein entsprechendes Angebot zu realisieren.

Nach der Einschätzung eines Vertreters eines Berufsverbandes, in dem Medienpädagogen organisiert sind, existierten im gesamten Land Schleswig-Holstein nicht mehr als zehn „Vollblutmedienpädagogen", die jedoch nicht auf zehn vollen Stellen sitzen würden. Hier wäre es erforderlich, einen Pool aufzubauen, in dem sich diese Personen zusammenschließen, um noch mehr fachlichen Austausch zu organisieren und auch ein koordiniertes medienpädagogisches Vorgehen, der durch sie vertretenen Institutionen, zu gewährleisten. Um die gegenwärtige Organisationsstruktur der außerunterrichtlichen Medienbildung in Schleswig-Holstein weiter zu professionalisieren, wird von einigen Interviewten eine landesweite Koordination der Medienbildung bspw. mit Jahresthemenschwerpunkten vorgeschlagen.

1.4.4 Effektivität und Effizienz des Medienbildungsangebotes

Einen, das außerunterrichtliche Medienbildungsangebot regulierenden Eingriff können sich die verschiedenen auf ihre Autonomie großen Wert legenden Anbieter unter keinen Umständen vorstellen. Die Tatsache, dass es an einzelnen Stellen zu Doppelaktivitäten im Bereich der außerunterrichtlichen Medienbildung kommt, wird dabei nicht als problematisch angesehen, da das derzeitige Angebot den Bedarf gar nicht vollständig abdecken könne. Aufgrund der fehlenden Angebotsdichte stellen partielle Doppelangebote auch keinerlei Problem für die Interviewten dar.

ISÖ
Institut für
Sozialökologie

1.4.5 Die Auffindbarkeit von Medienbildungsangeboten in Schleswig-Holstein für interessierte Laien

Hinsichtlich der Auffindbarkeit von außerunterrichtlichen Medienbildungsangeboten in Schleswig-Holstein sind sich die Befragten darin einig, dass dies für einen Laien, der nicht über Insiderwissen verfügt, eher schwierig sei. Hier wünschen sich die Interviewten eine Plattform bzw. die Form eines Webportals, die den Zugang zu allen außerschulischen bzw. außerunterrichtlichen Medienbildungsangeboten im Sinne einer Fort- und Weiterbildungsdatenbank gewährleistet, ohne in die Autonomie der verschiedenen Träger und Einrichtungen einzugreifen. Es wird beklagt, dass es in Bezug auf die Medienbildungsangebote „keine Stelle gibt, die das wirklich alles zusammenführt, die den Überblick darüber hat, was es alles gibt." An diese Stelle wird die Erwartung formuliert, diese Informationen zu sammeln, zu bündeln, aufzubereiten und der Öffentlichkeit zur Verfügung zu stellen: „Was toll wäre, wenn man sowohl für die Öffentlichkeit als auch für die interessierte Fachöffentlichkeit oder eben Institutionen wie uns so eine Anlaufstelle hätte, wo man wirklich Klarheit bekommt über das, was angeboten wird, wie man vielleicht auch mit bestimmten Angeboten eine Rolle spielen kann beziehungsweise wie man dann eben auch (...) unsere Angebote den Teilnehmer*innen klarer machen kann und damit wäre, glaube ich, schon viel gewonnen."

Die Zusammenfassung der Ergebnisse der Analysen des außerunterrichtlichen Medienbildungsangebotes findet sich in Kapitel 5.

ISÖ
Institut für
Sozialökologie

2 Das Netzwerk Medienkompetenz Schleswig-Holstein

Die Basis für die Analysen zum Netzwerk Medienkompetenz sind zum einen die qualitativen Interviews und zum anderen Protokolle von Sitzungen der Lenkungsgruppe.

2.1 Die Bedeutung der Mitwirkung in der Lenkungsgruppe des Netzwerkes Medienkompetenz Schleswig-Holstein

Das Netzwerk Medienkompetenz Schleswig-Holstein wird durchweg als ein sehr gut funktionierendes beschrieben, dem eine große Bedeutung und Relevanz für die außerunterrichtliche Medienbildung im Lande beigemessen wird. Die wesentlichen Funktionen für die Mitwirkung in der Lenkungsgruppe sehen ihre Mitglieder zum einen in der Informationsfunktion: „Wichtig ist, dass die Informationen rüber kommen" sowie zum anderen dem direkten Meinungs- und Erfahrungsaustausch untereinander und dem Aufbau stabiler und verlässlicher Kontakte, auf deren Basis sich Kooperationen entwickeln lassen. Dies ist der gemeinsame Nenner, der von allen Netzwerkpartner*innen, trotz ihrer zum Teil erheblichen Unterschiede auch hinsichtlich der personellen und technischen Ressourcen, die den einzelnen Mitgliedern für ihre außerunterrichtlichen Medienbildungsaktivitäten zur Verfügung stehen, gesehen und betont wird.

Einer der Interviewten bezeichnet die Lenkungsgruppe als einen wertvollen „Schatz", den es wertzuschätzen und zu pflegen gelte und in dem noch eine Menge an Potenzial stecke. Als ein Beispiel wird in diesem Zusammenhang angeführt, dass noch mehr partnerschaftlicher Austausch sowie gemeinsame Maßnahmen und Aktivitäten über den Medienkompetenztag hinaus wünschenswert wären. Von anderen wird explizit die gute Zusammenarbeit auch auf der operativen Ebene in bilateralen Kooperationen hervorgehoben und auf das Potenzial der noch ausbaufähigen Kooperationsbeziehungen verwiesen. Positiv wird auch der Umstand bewertet, dass die Netzwerkpartner*innen wechselseitig auf die Aktivitäten der anderen verweisen und Anfragen, die sie gerade selbst nicht bearbeiten können, an andere weiterreichen.

Wichtig ist den Interviewten ein partnerschaftliches Miteinander der Netzwerkpartner*innen. Von einigen wird deshalb betont, dass alle Partner*innen gleichberechtigt seien und dass das Netzwerk nicht dazu beitragen dürfe, die Struktur bestimmter Partner*innen zu fördern. Insofern wird mehr Transparenz in den Arbeitsformen und Abstimmungsprozessen eingefordert. Durchaus ambivalent wird die Rolle einer sogenannten Initiativgruppe innerhalb der Lenkungsgruppe gesehen; einerseits wird anerkennend hervorgehoben, dass die Impulse dieser Gruppe notwendig seien, um das Netzwerk „am Laufen zu halten" und andererseits natürlich die einzuschlagenden Pfade mit einer latent „hintergründigen Steuerung" in eine gewisse Richtung präjudiziert. Die Vertreter*innen dieser Position wünschen sich, dass die gegenwärtige „top-down-Struktur" durch eine „bottom-up-Struktur" ergänzt wird; dadurch solle auch anderen Institutionen und Gruppen ein Zugang ermöglicht werden und die Chance für Innovationen genutzt werden. Dabei wird durchaus anerkannt, dass nur bestimmte Partner*innen über die Infrastruktur und das Know-how verfügen, um Events wie den Medienkompetenztag „organisatorisch zu stemmen". Ein/e Interviewpartner*in unterbreitet den Vorschlag einer „rotierenden Initiativgruppe".

Zum Teil unterschiedliche Auffassungen herrschen hinsichtlich der Frage, ob die Universitäten und Hochschulen des Landes Mitglieder der Lenkungsgruppe sein sollten, da ihre Interessenlage eine etwas andere sei und auch die Gefahr bestünde, dass sie mit ihren Beiträgen die Diskurse zu stark bestimmen und in eine Richtung lenken würden, durch die sich etliche andere Mitglieder eher marginalisiert fühlen würden. Vertreter*innen der Hochschulen sehen dies naturgemäß anders und fühlen sich ihrerseits „abgekoppelt", was sie bedauern.

Einige Interviewpartner*innen betonen die Notwendigkeit, den Zugang zur Lenkungsgruppe des Nerzwerkes transparent zu halten. Als ein Kriterium wird vorgeschlagen; dass es sich in jedem Fall um Medienbildungsanbieter*innen handeln sollte, die landesweit tätig sind.

2.2 Die Arbeitsweise des Netzwerks Medienkompetenz Schleswig-Holstein

Der gemeinsam durchgeführte Medienkompetenztag wird als wichtige Plattform für die Vernetzung und den Austausch der Anbieter*innen untereinander angesehen. Eine Koordination der außerunterrichtlichen Medienbildung über die Lenkungsgruppe wird weder für erstrebenswert noch möglich gehalten. Demgegenüber wird die Stärkung des Gedankens einer noch intensiveren Vernetzung betont.

Die Funktion und Leistung der Lenkungsgruppe wird zentral auf der Leitungsebene verortet. Unterhalb dieser können sich einige Interviewpartner*innen auch eine operationale Arbeitsebene vorstellen. In diesem Zusammenhang wird zum einen der Vorschlag der Installation eines Arbeitsausschusses als Treffen von Mitgliedern der Lenkungsgruppe des Netzwerkes Medienkompetenz Schleswig-Holstein auf Arbeitsebene gemacht und zum anderen der einer anbieter*innenunabhängigen Koordinationsstelle, der ein moderierender Charakter zugeschrieben wird.

2.3 Die Bedeutung des Netzwerkes Medienkompetenz Schleswig-Holstein für die Gestaltung von Medienbildungsangeboten in Schleswig-Holstein

Eine direkte Funktion für die Gestaltung von Medienbildungsangeboten in Schleswig-Holstein durch das Netzwerk Medienkompetenz Schleswig-Holstein wird nicht gesehen, da dies die Autonomie der einzelnen Anbieter*innen tangieren würde. Wohl aber wird eine Funktion darin gesehen, sich über seine je spezifischen Aktivitäten auszutauschen, sich gemeinsam über neue Entwicklungen zu verständigen und ggf. gemeinsame Projekte zu verabreden.

In den Fällen, in denen gemeinsam verabredete und realisierte Kooperationsprojekte „auf die Schiene gesetzt werden" dürfe nicht der Eindruck entstehen – so die Meinung vereinzelter Stimmen – dass das Projekt als das der/des größeren Partnerin/Partners firmiert; ebenso wie es zu vermeiden sei, Projektideen zu kopieren.

Unabhängig von der ausdrücklich konstatierten Funktionsweise des Netzwerkes Medienkompetenz Schleswig-Holstein wird vereinzelt auch Kritik an politisch artikulierten Erwartungen formuliert, wie der, Netzwerke könnten nicht nur konkrete Defizite thematisieren, sondern auch beheben. Ein Beispiel hierfür ist die folgende Aussage eines Interviewten: „In Schleswig-Holstein kann man das immer wieder so in Wellen beobachten, dass Netzwerke gegründet werden oder Institutionen dazu gedrängt werden, Netzwerke stärker zu bilden, (...) um Probleme zu lösen, die aber alleine durch Netzwerke nicht zu lösen sind. (...) Der Gedanke, der in der Politik scheinbar vorherrscht, (...) man müsste nur alle Institutionen besser miteinander vernetzen, dann würde schon alles von alleine laufen, ist aus der inneren Logik der Institutionen heraus überhaupt nicht so leistbar, weil, je mehr Netzwerken ich angehöre oder je mehr ich in Netzwerke an Arbeit stecke, desto mehr Arbeit investiere ich. (...) Ich glaube, dass das

Netzwerk schon eine große Rolle spielt, natürlich für die medienpädagogische oder Medien-kompetenzförderung in Schleswig-Holstein; (...) aber trotzdem wäre es natürlich wün-schenswert, wenn es darüber hinaus (...) noch eine Stelle gibt, die das Ganze koordiniert und nichts anderes macht!" Zur Einordnung dieses Statements gilt es zu erwähnen, dass das Netzwerk Medienkompetenz Schleswig-Holstein nicht auf Initiative einer einzelnen Regie-rungsstelle oder von "oben" entstanden ist, sondern OKSH, IQSH, Bildungsministerium und Sozialministerium das Netzwerk auf Arbeitsebene initiiert und etabliert haben, wie in den Interviews berichtet wird.

2.4   Die Bedeutung der Regionalkonferenzen

Das Potenzial der Regionalkonferenzen als Vernetzungsstruktur der medienpädagogisch im Lande tätigen Personen scheint noch nicht ausgeschöpft zu sein; dies jedenfalls machen die Aussagen der von uns Interviewten deutlich. Das reflektierte Wissen um die Aufgaben und Arbeitsweise der Regionalkonferenzen ist, selbst bei den Mitgliedern der Lenkungsgruppe, eher begrenzt.

Die vier Regionalkonferenzen, zu denen der OKSH und das Sozialministerium im Namen des Netzwerks Medienkompetenz Schleswig-Holstein einladen, könnten noch stärker – so einige Stimmen – zu einem Netzwerk auf der medienpädagogischen Arbeitsebene aller Akteure der außerunterrichtlichen Medienbildung in Schleswig-Holstein werden, so wie dies die Len-kungsgruppe auf der Leitungsebene bereits ist. Es bedürfte hierzu allerdings, so die Meinung, neuer Ideen wie die potentiellen Teilnehmer*innen der Regionalkonferenzen auf den Treffen noch stärker ins Gespräch miteinander gebracht werden könnten.

Die Notwendigkeit, die Regionalkonferenzen zu beleben und sich auf Arbeitsebene in kleintei-ligeren Strukturen zu treffen, wird allgemein gesehen, um das, was an Initiativen im Netzwerk initiiert wird, konsequent zu verfolgen. Allerdings übersteige dies momentan sowohl die Ka-pazitäten des OKSH als auch der beteiligten Akteure. Hier klafft eine Lücke zwischen dem Wünschenswertem und dem Machbaren.

Auch wird angeregt zu überlegen, wie die Regionalkonferenzen so gestaltet werden können, dass der Nutzen für die Teilnehmer*innen noch deutlicher zu Tage tritt, um so die Bereit-schaft zur Teilnahme zu erhöhen.

ISÖ
Institut für
Sozialökologie

2.5 Unterstützungsstrukturen in der außerunterrichtlichen Medienbildung Schleswig-Holstein

Von einigen Interviewpartner*innen wird vorgeschlagen, dass die Lenkungsgruppe in ihrer Arbeit auf den Sachverstand derjenigen Zielgruppen zurückgreifen sollte, für die Medienbildungsangebote durch die Mitglieder des Netzwerkes konzipiert werden; vorgeschlagen wird in diesem Zusammenhang bspw. ein Beirat; dieser – so die Idee – könnte auch für eine Evaluation der Angebote und insbesondere die Einschätzung ihrer Nachhaltigkeit genutzt werden.

Einige Interviewaussagen deuten auch darauf hin, zu überlegen, ob der Medienbildung in Schleswig-Holstein durch die Unterstützung und Förderung entsprechender, auf die Stärkung der Infrastrukturen abzielender, Aktivitäten neue Impulse verliehen werden könnten. In diesem Kontext werden die folgenden Hinweise gegeben:

Es wird mehrfach vorgeschlagen, einen Pool von Adressen freiberuflich in der außerunterrichtlichen Medienbildung tätiger Personen aufzubauen, auf die Medienbildungsanbieter*innen bei Bedarf schnell zurückgreifen können. Diesbezüglich wird eine Koordination der Vermittlung von Dozent*innen der außerunterrichtlichen Medienbildung gewünscht.

Neben dem Dozent*innenpool wird ebenso eine medienpädagogische Toolbox vorgeschlagen, auf die alle Interessierten zugreifen können. Hier wäre zu klären, worin der Unterschied zur schon existierenden Projektbibliothek (vgl. 3.4) bestehen soll.

In Zusammenhang mit Koordinationsleistungen wird auch auf die Möglichkeit einer Fort- und Weiterbildungsdatenbank (vgl. 1.4.5) hingewiesen, in der die unterschiedlichsten Medienbildungsangebote zusammengefügt sind.

2.6 Zukünftige Herausforderungen des Netzwerkes Medienkompetenz Schleswig-Holstein

Eine Herausforderung für die Medienbildung wird darin gesehen, ihre Breitenwirksamkeit zu erhöhen.

Es gibt Interviewpartner*innen, die zu bedenken geben, dass eine Aufgabe der Lenkungsgruppe des Netzwerkes Medienkompetenz Schleswig-Holstein darin bestehen könnte, Hinweise zu geben, welche Strukturen der außerunterrichtlichen Medienbildung gerade unterstützt und gefördert werden sollen.

Wichtig ist allen Interviewten, dass auch künftig ein möglichst reichhaltiges und vielfältiges Angebot an außerunterrichtlicher Medienbildung gewährleistet wird; dies nicht zuletzt auch vor dem Hintergrund, durch Maßnahmen der Nachwuchsförderung im medienpädagogischen Bereich attraktive Rahmenbedingungen für eine stabile professionelle Weiterentwicklung der außerunterrichtlichen Medienbildung zu schaffen.

Welche zentrale Bedeutung dem Netzwerk Medienkompetenz Schleswig-Holstein auch künftig zukommen soll, wird im Digitalisierungsprogramm Schleswig-Holstein sehr deutlich zum Ausdruck gebracht. Hierin heißt es: „Die Staatskanzlei, das Ministerium für Energiewende, Landwirtschaft, Umwelt, Natur und Digitalisierung, das Ministerium für Bildung, Wissenschaft und Kultur sowie das Ministerium für Soziales, Gesundheit, Jugend, Frauen und Senioren arbeiten gemeinsam am Ausbau des Netzwerks Medienkompetenz und an einer Stärkung der Strukturen. Ziel ist dabei konsequenter im Bereich digitale Bildung und Medienkompetenz zusammenzuarbeiten und die regionale Ebene verstärkt einzubinden" (Der Ministerpräsident des Landes Schleswig-Holstein 2018, S. 30).

Die Zusammenfassung der Ergebnisse zum Netzwerk Medienkompetenz findet sich in Kapitel 5.

3   Das OKSH-Koordinationsbüro Medienkompetenz

Die Basis für die Analysen zum OKSH-Koordinationsbüro Medienkompetenz sind zum einen die qualitativen Interviews und zum anderen Dokumentenanalysen von Konzeptpapieren, Lageberichten, Protokollen sowie die OKSH-Förderrichtlinie für die Vermittlung von Medienkompetenz.

3.1   Die konzeptionelle Arbeit des OKSH-Koordinationsbüros Medienkompetenz

Der schon seit über 25 Jahren existierende OKSH (Willers 2011, 2017) hat die Aufgabe zur Förderung und Vermittlung von Medienkompetenz. Nach seinen eigenen Angaben hat der OKSH im Jahre 2015 mit mehr als 1.500 durchgeführten Maßnahmen der Medienbildung über 25.000 Personen erreicht. Im Jahr 2016 konnte er sein sehr umfangreiches Angebot zur Vermittlung von Medienkompetenz noch einmal deutlich ausweiten; die Zahl der medienpädagogischen Aktivitäten stieg auf über 1.800. Der OKSH wird als ein zentraler Akteur der außerunterrichtlichen Medienbildung in Schleswig-Holstein wertgeschätzt, dem ein hohes Maß an Kompetenz und Erfahrung zugeschrieben wird. Dies ist nicht zuletzt auf seine konzeptionelle medienpädagogische Arbeit zurückzuführen, die eine Voraussetzung für das hochwertige Medienbildungsangebot ist.

Der OKSH hat eine Vielzahl von konzeptionellen Papieren und Positionsbestimmungen zur außerunterrichtlichen Medienbildung erarbeitet; exemplarisch sei an dieser Stelle auf das fast 100seitige OKSH-interne Papier „MeerMedienbildung macht medienkompetent. Der echte Norden wird echt digital" aus dem Jahre 2016 verwiesen. In diesem werden zunächst die Bereiche von (1) Kita und Hort, (2) Jugendhilfe, (3) Schule außerhalb des Unterrichts sowie (4) Schule am Rande des Unterrichts einer systematischen Analyse unterzogen. Es wird sehr nachvollziehbar und gut begründet ein System aufeinander aufbauender Module und Zertifikate beschrieben, das deutlich macht, welche speziellen Angebote an die jeweiligen Zielgruppen unterbreitet werden. Im Fokus stehen hier insbesondere Erzieher*innen, Lehrkräfte im Vorbereitungsdienst, praktizierende Lehrkräfte sowie externe Referent*innen. Aber auch mit der ElternMedienSchule, Veranstaltungen für Senior*innen sowie zur Alphabetisierung werden wichtige Angebote unterbreitet. Der Schulunterricht selbst und die berufliche Aus-

und Weiterbildung werden explizit ausgespart, da sie in den Handlungsbereich anderer Einrichtungen und Träger fallen.

Abgerundet werden die konzeptionellen Arbeiten u.a. mit Überlegungen zur digitalen Teilhabe, zum Blended Learning und zu MedienKnotenPunkten. Zur Bewertung der Ergebnisse wird auf spezifische Indikatoren zur Erfassung von Medienkompetenz von Baacke, Tulodziecki, Theunert und Schorb zurückgegriffen.

3.2 Die Koordinationsaktivitäten im OKSH-Koordinationsbüro Medienkompetenz

Das seit 2012 existierende OKSH-Koordinationsbüro Medienkompetenz versteht sich selbst als Koordinationsstelle für die eigenen Medienprojekte. Ein Anspruch, die gesamte außerunterrichtliche Medienbildung in Schleswig-Holstein zu koordinieren, verbindet sich damit explizit nicht.

Die Vertreter*innen des OKSH haben sich bei ihren Partner*innen im Lande Respekt und Akzeptanz erworben und werden gern als Expert*innen zu Rate gezogen. Geschätzt wird neben der fachlichen Expertise insbesondere die unbürokratische und flexible Form der Zusammenarbeit.

Mit den vier Standorten wird der OKSH als eine ausgezeichnete Plattform für die außerunterrichtliche Medienbildung in Schleswig-Holstein angesehen und akzeptiert. Gleichzeitig wird aber auch betont, dass vom OKSH nicht erwartet wird, dass er quasi eine „Überstruktur" für die Medienbildung bilden solle; dies würde nicht akzeptiert, da die einzelnen Anbieter*innen sich hierdurch in ihrer Autonomie eingeschränkt fühlen würden. Diesen ist es ganz wichtig, dass sie weiterhin autonom über die Inhalte ihrer Arbeit selbst bestimmen können.

Der OKSH wird zwar als ein zentraler Ansprechpartner für die außerunterrichtliche Medienbildung in Schleswig-Holstein gesehen, aber nicht als Koordinationsbüro wahrgenommen. Der OKSH geht in seinem Selbstverständnis, wie er es selbst formuliert, von einer „subsidiären Kooperation" aus und versteht darunter, dass er nur dann helfend oder unterstützend zur Verfügung steht, wenn sonst niemand diese Leistung erbringen kann oder will. Diese Interpretation wird von den Kooperationspartner*innen geteilt. Dem OKSH wird die Aufgabe zugestanden, Vernetzungen unter den Netzwerkpartner*innen zu unterstützen. Einige wünschen

ISÖ
Institut für
Sozialökologie

sich auch die Herausgabe von regelmäßigen Informationen bspw. in Form eines Newsletters. Insgesamt geht es um übergreifende Unterstützungsangebote für die außerunterrichtliche Medienbildung im Lande und eine schnelle und unbürokratische Hilfestellung im Bedarfsfall.

Die Bildungsangebote des OKSH, der mit seinen Angeboten ein zentraler Anbieter für Medienbildung in Schleswig-Holstein ist, sind den Expert*innen und Multiplikator*innen im Land gut bekannt, für die die Angebote auch überwiegend gedacht sind. Allerdings ist das OKSH-Angebot „MedienDoc.de", das sich an interessierte Bürger*innen wendet, nicht ganz einfach auffindbar. Der OKSH hat im Untersuchungszeitraum seine Homepage vollständig neu aufgebaut und die Übersichtlichkeit dabei deutlich verbessert. Die Onlinestellung erfolgte zum 17. August 2017. Zusätzlich bietet der OKSH seit Sommer 2017 die App „BürgerSenden" an.

Für die Außenwahrnehmung des OKSH-Koordinationsbüros Medienkompetenz sind mehrere wesentliche Aspekte ausschlaggebend. Zum ersten tritt der OKSH als Anbieter von Medienbildung auf und seine Referent*innen und Dozent*innen werden mit ihrer fachlichen medienpädagogischen Expertise im Kontext von Seminaren und Workshops zur Kenntnis genommen. Zum zweiten übernehmen der OKSH und die Mitarbeiter*innen des Koordinationsbüros an den vier Standorten eine wichtige Consulting- und Beratungsfunktion, insbesondere auch für institutionelle Vertreter*innen. Drittens tritt der OKSH als ausreichende Stelle von Fördermitteln auf. Die Herausforderung besteht darin, diese Funktionen organisatorisch klar voneinander abzugrenzen und insbesondere für den dritten Bereich Strukturen und Abläufe zu schaffen, um ein Verfahren zu gewährleisten, das die Rechtslage und die Einbindung externer Expertise zusammenführt. Ein derartiges Verfahren wurde 2017 praktiziert; es wird zu klären sein, ob dieses Verfahren zielführend ist.

3.3 Neue Kommunikationsstrukturen zu den Netzwerkpartner*innen

Mit dem Konzept der Digitalen Knotenpunkte, die zunächst an drei ausgewählten Standorten entstehen, bildet sich durch die Kooperation zwischen Volkshochschulen und Bibliotheken eine neue Kommunikationsstruktur heraus, die gerade in eine fünfjährige Pilotphase startet. Als Standorte für die Digitalen Knotenpunkte bieten sich einerseits die Volkshochschulen als etablierte, niederschwellige Anlaufstellen und Begegnungsstätten für breite Bevölkerungsschichten und andererseits der Büchereiverein Schleswig-Holstein e.V. mit den ihm angeschlossenen Bibliotheken an, die prädestiniert sind, der digitalen Spaltung in der Gesellschaft entgegenzuwirken.

Das Digitalisierungsprogramm Schleswig-Holstein (Der Ministerpräsident des Landes Schleswig-Holstein 2018, S. 26) setzt sich ausführlich mit den Digitalen Knotenpunkten auseinander; dort heißt es: „Die Digitalen Knotenpunkte ist inzwischen eines der zentralen Vorhabe innerhalb des Digitalisierungsprogrammes; darin heißt es: „Digitale Knotenpunkte sind Orte, an denen Bürgerinnen und Bürger zusammenkommen können, um neue Technologien auszuprobieren und sich auszutauschen. Da viele analoge Prozesse durch die Digitalisierung abgelöst werden und ins Digitale wandern, ist die Notwendigkeit entstanden, lokale Orte zu schaffen, an denen bestimmte Infrastrukturen und Kompetenzen vorgehalten werden. Diese Orte sind Digitale Knotenpunkte. An ihnen sollen unterschiedliche Konzepte und Akteure zusammengebracht werden.

Digitale Knotenpunkte haben das Ziel, die Medienkompetenz zu stärken. Bürgerinnen und Bürger erfahren in lokalen Einrichtungen vor Ort neue Technologien und setzen sich mit der Auswirkung der digitalen Transformation auseinander. Langfristig entsteht durch die Einrichtung Digitaler Knotenpunkte ein Netzwerk von Digitalstandorten, worüber die Erreichbarkeit und Nutzbarkeit von modernen Technologien für alle Einwohnerinnen und Einwohner Schleswig-Holsteins ermöglicht werden. Des Weiteren können Digitale Knotenpunkte als Anlaufstellen für die Vermittlung von Lern- und Fortbildungsangeboten dienen."

Jeder der Digitalen Knotenpunkte wird im Jahr mit 100.000 € ausgestattet; die für die technische Ausstattung und eine Personalstelle vorgesehen sind. Im Haushaltsplan des Landes Schleswig-Holstein ist für das Jahr 2018 eine Förderung von 100 % vorgesehen. Auswahlkriterium für die Digitalen Knotenpunkte ist das Vorhandensein eines schnellen Internetzuganges. Diese Knotenpunkte sollen in Unterzentren mit der „Teilfunktion eines Mittelzentrums" entstehen. Aufgrund dieser und weiterer Kriterien wurden zwischenzeitlich die folgenden drei Piloteinrichtungen für den Start ausgewählt:

- Fachstelle für Digitalisierung beim Landesverband der Volkshochschulen Schleswig-Holsteins e.V. in Meldorf,
- Bibliothek in Lauenburg und
- KulTour Oldenburg in Holstein GmbH.

Der OKSH bietet an seinen vier Standorten auch fast alle Funktionen der Digitalen Knotenpunkte an und berät deshalb zurzeit die Träger der Knotenpunkte hinsichtlich der technischen Einrichtung.

Die Digitalen Knotenpunkte sind ein niederschwelliges Angebot, das Bürger*innen kostenfrei besuchen können, um innovative Technologien kennen zu lernen; sie bieten Beratungs- und Serviceleistungen. Im Zentrum ihrer Arbeit stehen die Beantwortung von Anwendungsfragen und die Vermittlung von Medienkompetenz. Die Landesregierung will flächendeckend weitere Digitale Knotenpunkte identifizieren. „Hierfür bieten sich Mehrgenerationen-Häuser, Familienzentren, Gesundheitszentren sowie das Landesamt für soziale Dienste (LAsD) als potenzielle Digitale Knotenpunkte (an). Insbesondere Familienzentren, die als ‚Zentren des Lebens und Lernens' die Vernetzung von Digitalisierung und Gesellschaft im ländlichen Raum unterstützen, eignen sich für die Entwicklung von Digitalen Knotenpunkten" (Der Ministerpräsident des Landes Schleswig-Holstein 2018, S. 28).

Mit den Digitalen Knotenpunkten steht ein innovatives, zukunftsorientiertes Instrument zur Vermittlung von Medienkompetenz zur Verfügung, das gesellschaftliche Teilhabechancen im Rahmen der Digitalisierung verwirklicht.

3.4 Die Projektbibliothek des OKSH

Die Medienkompetenz-Projektbibliothek des OKSH, die in Form einer Methodenbibliothek organisiert ist, kann – und dies unterscheidet sie signifikant von anderen bundesweiten Online-Übersichten – nach Zielgruppe und Alter durchsucht werden. Diese Projektbibliothek des OKSH ist den meisten Befragten unbekannt bzw. wird von diesen nicht genutzt. Die Veranstalter und Anbieter der außerunterrichtlichen Medienbildung greifen stattdessen lieber auf eigene Materialien und Unterlagen zurück. Von denen, die durchaus bereit wären, auf dieses Angebot zurückzugreifen wird betont, dass es nicht ausreicht, die Projektbibliothek auf der Homepage vorzuhalten, sondern dass es zusätzlich darauf ankommt, in die Nutzung einzuführen und für diesbezügliche Beratungen ein Serviceangebot zu unterhalten. Es stellt sich auch die Frage, wie über die angebotene Bedienmaske hinaus durch die Funktion einer Volltextsuche die Benutzung erleichtert und die Zugriffe damit auch attraktiver gestaltet werden können.

3.5 Erfahrungen zur finanziellen Förderung von Medienbildungsangeboten aus der Zuwendung des Landes durch den OKSH

Noch liegen erst wenige Erfahrungen mit der seit dem Jahr 2017 durch den OKSH erfolgenden Mittelvergabe vor. Von den Einrichtungen und Institutionen, die wir interviewt haben und die auf diese Gelder schon zugegriffen haben, wird der relativ geringe Aufwand und die zügige Abwicklung der Projektanträge durch den OKSH positiv hervorgehoben. Die bisherigen gesammelten Erfahrungen mit der Ausreichung der Mittel durch den OKSH bestätigen ihm ein kompetentes und faires Verfahren. Wie die bisherigen Erfahrungen allerdings auch zeigen, nehmen die Einrichtungen und Institutionen, die Projektanträge einreichen, die Strukturen und Personen des OKSH gerne für mehr oder weniger intensive Beratungsprozesse im Vorfeld der Antragstellung in Anspruch. Hier werden vom OKSH zum Teil sehr umfangreiche Beratungsdienstleistungen erbracht.

Die Tatsache, dass die Mittel für Medienbildung früher über die Medienanstalt Hamburg/Schleswig-Holstein (MA HSH) und nun über den OKSH verteilt werden, wird von den Interviewten überwiegend gleichgültig bis zustimmend zur Kenntnis genommen. Ihnen ist es lediglich wichtig, dass das Verfahren zügig, transparent und ohne Reibungsverluste realisiert wird.

Von den Netzwerkpartner*innen wird die durchaus schwierige Situation gesehen, dass der OKSH einerseits selbst Anbieter von außerunterrichtlicher Medienbildung ist und andererseits selbst Mittel für diese Aufgabe vergibt. Deshalb wird von einigen Interviewpartner*innen auch angeregt, das Verfahren der Mittelvergabe noch transparenter zu gestalten.

Als Alternativen zur Fördermittelvergabe durch den OKSH werden durch die Interviewten, die sich hierzu geäußert haben, drei Möglichkeiten gesehen: erstens eine eigens dafür aufzubauende Struktur bspw. über einen e.V., zweitens eine innerhalb des Netzwerkes Medienkompetenz Schleswig-Holstein zu schaffende Koordinationsstelle (vgl. 2.2) und drittens durch die Schaffung einer Fördermittelvergabestelle innerhalb eines Ministeriums. Allerdings werden diese Lösungen nicht grundsätzlich präferiert, sondern hier wird auf den zusätzlichen bürokratischen Aufwand verwiesen, der entstehen würde und möglicherweise zu Lasten der Fördermittel für konkrete Projekte gehen könnte.

ISÖ
Institut für
Sozialökologie

3.6 Beispiele aus anderen Bundesländern zu einer besseren Koordination der außerunterrichtlichen Medienbildung

Verwiesen wird in den Interviews wiederholt auf die vielfältigen medienpädagogischen Aktivitäten in Nordrhein-Westfalen, Baden-Württemberg sowie die Aktivitäten des Bildungszentrums BürgerMedien e.V. mit Sitz in Ludwigshafen. Das Bildungszentrum BürgerMedien e.V. (BZBM) ist eine Einrichtung, die von den Landesmedienanstalten der Länder Rheinland-Pfalz, Nordrhein-Westfalen, Hessen, Baden-Württemberg und des Saarlands sowie der Regierung der Deutschsprachigen Gemeinschaft Belgiens und der Stadt Ludwigshafen getragen wird. Es bietet vielfältige Seminare und Workshops zur Unterstützung der haupt- und ehrenamtlichen Arbeit in den Bürgermedien an. Die Fort- und Weiterbildungsangebote richten sich in erster Linie an Produzent*innen im Bereich der Bürgermedien (TV und Radio), aber auch an unerfahrene Bürger*innen, die Interesse haben, eigene Beiträge zu produzieren und zu senden. Mit diesem Auftrag unterscheidet sich das Bildungszentrum BürgerMedien e.V. allerdings auch deutlich von dem Aufgabenspektrum des OKSH, der zusätzlich als Anbieter vielfältiger außerunterrichtlicher Medienbildungsangebote, insbesondere für Lehrkräfte und Multiplikator*innen im gesamten Bildungsbereich weit über den engen Kreis der Bürgermedien hinaus fungiert, und damit ein wesentlich breiteres Spektrum abdeckt. Die Aufgaben in der außerschulischen und außerunterrichtlichen Medienbildung, die in Schleswig-Holstein schwerpunktmäßig vom OKSH und den anderen Mitgliedern des Netzwerkes Medienbildung wahrgenommen werden, existieren in anderen Bundesländern entweder gar nicht in diesem Maße oder werden zum Teil von anderen Akteuren übernommen. In Thüringen hat sich bspw. das Thüringer Medienbildungszentrum (TMBZ) der Landesmedienanstalt (TLM) mit den Standorten in Erfurt und Gera als zentrale Anlaufstelle und wichtiger Netzwerkknoten für Medienbildung im Land etabliert; es ist offen für Menschen aller Generationen.

Angesichts der bundesweit fehlenden Strukturen und der Unübersichtlichkeit hinsichtlich der die Medienbildungsangebote unterbreitenden bzw. sie finanzierenden Träger, Einrichtungen und diversen Organisationen und Institutionen ist es – ohne einen erheblichen Untersuchungsaufwand – unmöglich, vergleichende Aussagen über Fördermittel und Förderstrukturen zwischen einzelnen Bundesländern zu machen. Dies zu untersuchen, gehörte auch nicht zu unserem Forschungsauftrag und bleibt eine Aufgabe und Herausforderung für folgende Studien.

ISÖ
Institut für
Sozialökologie

Eine ständige Herausforderung bleibt die Abstimmung von schulischen und außerschuli-schen bzw. außerunterrichtlichen Medienbildungsangeboten (Gerick & Eickelmann 2017, S. 114). Was bereits Breiter & Welling (2013, S. 99) in ihrer Untersuchung zum „Landeskonzept Medienkompetenz in Niedersachsen" feststellen, gilt auch für Schleswig-Holstein. Ein zentra-ler Problembereich der Medienkompetenzförderung ist „die verbindliche Integration in die ersten beiden Phasen der Lehrerbildung und die damit verbundene Abstimmung mit den Hochschulen und den Studienseminaren." Hieran wird in Zukunft auch in der Lenkungsgrup-pe des Netzwerkes Medienkompetenz Schleswig-Holstein weiterhin zu arbeiten sein.

Die Zusammenfassung der Ergebnisse zum OKSH-Koordinationsbüro Medienkompetenz findet sich in Kapitel 5.

4   Die Netzwerkanalyse

In die qualitativen Interviews mit den Mitgliedern der Lenkungsgruppe des Netzwerkes Medienkompetenz Schleswig-Holstein war eine Netzwerkanalyse integriert, um die wir die Interviewpartner*innen gebeten haben. Hier ging es darum, eine jeweils subjektive Sichtweise auf das Beziehungsnetzwerk der Medienbildung in Schleswig-Holstein der Interviewten zu gewinnen.

Im Folgenden wird der Begriff des Netzwerks nicht in einem normativen, bewertenden oder programmatischen Sinn verwendet, vielmehr bildet er ein „analytisches Konstrukt, das auf die Beziehungsperspektive verweist" (Jütte 2016, S. 562). Wir gehen von einem sozialwissenschaftlichen Netzwerkbegriff aus; danach lässt sich ein soziales Netzwerk „als ein Geflecht sozialer Beziehungen von Einheiten und Verknüpfungen zwischen diesen definieren" (ebd.). In unserem hier praktizierten forschungsmethodischen Ansatz greifen wir auf Verfahren der modernen visuellen Netzwerkforschung zurück (Gamper & Schönhuth 2016) und haben für die vorliegende Untersuchung eine eigene, auf die spezifischen Bedarfe zugeschnittene Vorgehensweise entwickelt. Das Sichtbarmachen von Beziehungsgeflechten durch Visualisierungen ist ein Kennzeichen qualitativer Netzwerkforschung, dem wir uns hier verpflichtet fühlen (Straus 2013; Jütte 2002, 2014, 2016).

Für die von uns angefertigte Analyse wurde nicht primär nach dem offiziellen Netzwerk Medienkompetenz Schleswig-Holstein gefragt, sondern nach dem ganz individuellen Netzwerk der Interviewten vor dem Hintergrund der eigenen Aktivitäten in der Medienbildung. In einem Teil der Interviews wurden die subjektiven Netzwerkkarten direkt während des Interviews von den Befragten angefertigt; in jenen Fällen, in denen die Zeit dies nicht zuließ oder die Interviewpartner*innen um mehr Bedenkzeit für die Erstellung ihrer Netzwerkkarte gebeten haben, wurde uns diese nachträglich zugeschickt.

In den Fällen, in denen kein persönliches interview, sondern ein telefonisches Interview stattfand, wurde auf die Anfertigung der Netzwerkkarte verzichtet, da die hierzu zu machenden Erläuterungen zu komplex gewesen sind und die Fehleranfälligkeit folglich zu groß wäre. Auch wenn in den genannten Fällen keine Netzwerkkarten erstellt wurden, so finden die Einrichtungen und Institutionen, von denen keine Netzwerkkarten angefertigt wurden, dennoch partiell Eingang in die Auswertung der Netzwerkanalyse, sofern sie auf den Netzwerkkarten der anderen Interviewten verzeichnet wurden. Im Folgenden werden lediglich die aggregierten Daten der Netzwerkanalyse dargestellt.

Beim Blick auf die Übersichtsnetzwerkkarte (vgl. Abb. 79) ist zu berücksichtigen, dass die Ergebnisse jeweils die Beziehungen aus der Sicht der Interviewpartner*innen abbilden, die Gelegenheit hatten, ihre Netzwerkkarte im Interview einzubringen. Natürlich hat jeder der Interviewpartner*innen seine ganz subjektive Sichtweise des Beziehungsnetzwerkes der Medienbildung in Schleswig-Holstein dargestellt. Da wir jeweils nur eine/n Vertreter*in einer Institution bzw. Einrichtung befragt haben, kann es sein, dass eine andere Person aus diesem Haus eine etwas andere Sicht auf die Netzwerkpartner*innen hat.

Bewusst verzichtet wurde auf die Anfertigung von Netzwerkkarten bei den interviewten Mitgliedern des Beirates des OKSH sowie den externen Expert*innen, da wir die Netzwerkanalyse bewusst auf die aktiven Akteure der Medienbildung beschränkt haben.

Methodisch sind wir so vorgegangen, dass wir den Interviewpartner*innen eine Vorlage zur Vervollständigung präsentiert haben. Diese bestand aus einem DIN-A3-Blatt in dessen Zentrum, die Interviewpartner*innen gebeten wurden, ihre eigene Einrichtung einzutragen. Um dieses Zentrum herum befanden sich drei äquidistante Zonen, die durch Kreise markiert wurden und die als Orientierung für die Eintragungen zur Verfügung standen.

Unsere Instruktionen lauteten wie folgt: Zeichnen Sie bitte zunächst Ihre Einrichtung/Institution im Zentrum und Ihre Netzwerkpartner*innen mit kleinen Kreisen darum gruppiert ein und beschriften Sie diese Kreise entsprechend mit dem Namen der Institutionen bzw. Person und beachten Sie dabei bitte Folgendes:

1. Die Entfernung der Position des/der Netzwerkpartner*in von Ihrer Einrichtung drückt die *Bedeutung* aus, die die/der eingezeichnete Partner*in für Sie hat: je größer diese für Sie ist, desto näher ist er/sie Ihnen räumlich. Die konzentrischen Kreise dienen dabei als Anhaltspunkt, wobei es egal ist, ob ihre Netzwerkpartner*innen oben oder unten, links oder rechts eingezeichnet werden).

2. Die *Qualität der Beziehung* drücken Sie bitte durch die gewählte Farbe des Verbindungsstriches aus (grün=positiv, schwarz=neutral und rot=negativ).

3. Markieren Sie anschließend bitte die *Intensität der Beziehung* durch einen Verbindungsstrich Ihrer Einrichtung zu der/dem jeweiligen Netzwerkpartner*in; die Stärke des Striches (stark, mittel oder schwach) drückt dabei die Intensität der Beziehung aus Ihrer Sicht aus.

ISÖ
Institut für
Sozialökologie

4. Zum Abschluss beschriften Sie bitte die so entstandenen Linien zwischen Ihnen und Ihren Netzwerkpartner*innen mit Buchstaben, die den *Typ der Beziehung* charakterisieren sollen:

- Innovation/Wissenstransfer (I)
- Finanzielle Unterstützung (F)
- Beratung/Coaching (B)
- Lobbying (L)
- Kooperation in Projekten (K)

Natürlich konnten hier mehrere Buchstaben genannt werden.

Hinsichtlich der Anzahl der einzuzeichnenden Netzwerkpartner*innen wurden keine Vorgaben gemacht. Limitiert wurde die Anzahl lediglich durch den zur Verfügung stehenden Raum auf dem DIN A3-Blatt, was aber in keinem der Fälle moniert wurde. Die so entstandenen zwölf Netzwerkkarten haben wir in einem mehrstufigen Prozess ausgewertet, der aus den folgenden Schritten bestand:

4.1 Nennungen der Netzwerkpartner*innen

Zunächst haben wir alle eingetragenen Netzwerkpartner*innen – unabhängig von dem Ort ihrer Eintragung in den konzentrischen Kreisen – aufgelistet und nach der Anzahl ihrer Nennungen in eine Rangfolge gebracht. Unberücksichtigt blieb dabei jeweils die im Mittelpunkt der Netzwerkkarte eingetragene eigene Einrichtung des/der Interviewpartners/Interviewpartnerin. Auf diese Weise entstand eine Liste von insgesamt 81 Netzwerkpartner*innen, die in der Summe zwischen ein und neun Nennungen erhielten. Im Folgenden listen wir die Einrichtungen und Institutionen auf, die zwischen drei und neun Nennungen auf sich vereinigen können; bei einer identischen Zahl der Nennungen erfolgt eine alphabetische Auflistung:

Einrichtung	Anzahl der Nennungen (Kennziffer 1)
Offener Kanal Schleswig-Holstein (OKSH)	9
Aktion Kinder- und Jugendschutz, Landesarbeitsstelle SH e.V. (AKJS)	8
Institut für Qualitätsentwicklung an Schulen Schleswig-Holstein (IQSH)	8

ISÖ
Institut für
Sozialökologie

Ministerium für Bildung, Wissenschaft und Kultur des Landes Schleswig-Holstein (MBWK)	7
Ministerium für Soziales, Gesundheit, Jugend, Familie und Senioren des Landes Schleswig-Holstein (MSGJFS)	7
Landespolizeiamt Schleswig-Holstein	6
Unabhängiges Landeszentrum für Datenschutz (ULD)	6
Verbraucherzentrale Schleswig-Holstein e.V. (VZ)	6
Büchereizentrale des Büchereivereins Schleswig-Holstein e.V.	5
Landesjugendring Schleswig-Holstein e.V. (LJR)	5
Landesverband der Volkshochschulen Schleswig-Holsteins e.V. (VHS)	5
Medienanstalt Hamburg/Schleswig-Holstein (MA HSH)	4
Schulen (als Sammelbezeichnung)	3
Staatskanzlei des Landes Schleswig-Holstein	3

4.2   Bedeutung der Beziehungen

In einem zweiten Schritt haben wir die Nennungen in Abhängigkeit von der ihnen jeweils zugewiesenen Bedeutung ausgezählt. Wenn eine Einrichtung im innersten Kreis der Netzwerkkarte verortet wurde, erhielt sie drei Punkte, im mittleren Kreis zwei und im äußeren Kreis noch jeweils einen Punkt. Die Summe der für jede der genannten 81 Einrichtungen vergebenen Punkte wurde addiert und durch die Anzahl der Nennungen dividiert, so dass jede der genannten Einrichtungen einen Wert zwischen eins und drei erhielt, der etwas über ihre Bedeutung im Netzwerk aussagt. Unberücksichtigt blieben dabei jeweils die im Mittelpunkt der Netzwerkkarte eingetragene eigene Einrichtung der/des Interviewpartnerin/Interviewpartners, so wie schon für den ersten Auswertungsschritt beschrieben.

Bei der Betrachtung dieser Kennziffern ist zu berücksichtigen, dass eine einmalige Nennung mit drei Punkten zu einer Einschätzung der Bedeutung der Beziehung mit dem höchsten Wert führt, während Mehrfachnennungen, in der Regel nicht immer die Kennziffer drei beinhalten und deshalb in der Regel zu einem unter drei liegenden Wert führen. Aus diesem Grunde ha-

ISÖ
Institut für
Sozialökologie

ben wir uns dafür entschieden, die Kennziffer 2 nur für jene Einrichtungen und Institutionen zu berechnen, die auf sich mindestens vier Nennungen vereinen. Im Folgenden geben wir die Werte bis zu einem Durchschnitt von 2,17 wieder; bei identischen Kennziffern erfolgt eine alphabetische Nennung:

Einrichtung	Bedeutung der Beziehung (Kennziffer 2)
Landesjugendring Schleswig-Holstein e.V. (LJR)	2,80
Institut für Qualitätsentwicklung an Schulen Schleswig-Holstein (IQSH	2,54
Ministerium für Soziales, Gesundheit, Jugend, Familie und Senioren des Landes Schleswig-Holstein (MSGJFS)	2,52
Aktion Kinder- und Jugendschutz, Landesarbeitsstelle SH e.V. (AKJS)	2,50
Kreisjugendringe	2,50
Europa-Universität Flensburg	2,50
Ministerium für Bildung, Wissenschaft und Kultur des Landes Schleswig-Holstein (MBWK)	2,33
Offener Kanal Schleswig-Holstein (OKSH)	2,33
Staatskanzlei des Landes Schleswig-Holstein	2,33
Medienanstalt Hamburg/Schleswig-Holstein (MA HSH)	2,25
Unabhängiges Landeszentrum für Datenschutz (ULD)	2,25
Büchereizentrale des Büchereivereins Schleswig-Holstein e.V.	2,20
Landesverband der Volkshochschulen Schleswig-Holsteins e.V. (VHS)	2,20
Verbraucherzentrale Schleswig-Holstein e.V. (VZ)	2,17

ISÖ
Institut für
Sozialökologie

4.3   Qualität der Beziehungen

In einem dritten Schritt ging es darum, die Qualität der Beziehung in den Blick zu nehmen. Um die Qualität der Beziehung zu kennzeichnen, hatten die Interviewpartner*innen die Möglichkeit, mittels Farben diese zum Ausdruck zu bringen. Ein grüner Verbindungsstrich zwischen der eigenen Einrichtung und den genannten Netzwerkpartner*innen stand dabei für eine positive Beziehung (drei Punkte), schwarz für eine neutrale Beziehung (zwei Punkte) und rot für eine negative Beziehung (ein Punkt). Die Summe der Beziehungspunkte für jede der genannten 81 Einrichtungen wurde addiert und durch die Anzahl der Nennungen dividiert, so dass jede der genannten Einrichtungen wiederum einen Wert zwischen eins und drei erhalten konnte (Kennziffer 3). Da negative Beziehungsqualitäten nicht genannt wurden, liegen die Werte hier alle zwischen zwei und drei. Auch hier haben wir uns dafür entschieden, die Kennziffer 3 nur für jene Einrichtungen und Institutionen zu berechnen, die auf sich mindestens vier Nennungen vereinen. Der Vollständigkeit halber sei erwähnt, dass auch hier ebenfalls die im Mittelpunkt der Netzwerkkarte eingetragene eigene Einrichtung der/des Interviewpartnerin/Interviewpartners, unberücksichtigt blieb. Im Folgenden geben wir die Werte bis zu einem Durchschnitt von 2,6 wieder; bei identischen Kennziffern erfolgt eine alphabetische Nennung:

Einrichtung	Qualität der Beziehung (Kennziffer 3)
Büchereizentrale des Büchereivereins Schleswig-Holstein e.V.	3,00
Landesbeauftragter für politische Bildung	3,00
Landesjugendring Schleswig-Holstein e.V. (LJR)	3,00
Medienanstalt Hamburg/Schleswig-Holstein (MA HSH)	3,00
Offener Kanal Schleswig-Holstein (OKSH)	3,00
Aktion Kinder- und Jugendschutz, Landesarbeitsstelle SH e.V. (AKJS)	2,88
Ministerium für Soziales, Gesundheit, Jugend, Familie und Senioren des Landes Schleswig-Holstein (MSGJFS)	2,86
Landespolizeiamt Schleswig-Holstein	2,83
Unabhängiges Landeszentrum für Datenschutz (ULD)	2,83

ISÖ
Institut für
Sozialökologie

Verbraucherzentrale Schleswig-Holstein e.V. (VZ)	2,83
Institut für Qualitätsentwicklung an Schulen Schleswig-Holstein (IQSH)	2,75
Staatskanzlei des Landes Schleswig-Holstein	2,67
Landesverband der Volkshochschulen Schleswig-Holsteins e.V. (VHS)	2,60

4.4 Intensität der Beziehungen

Nach der Intensität der Beziehung zu den genannten Netzwerkpartner*innen wurde in einem vierten Schritt gefragt. Um die Kennzeichnung der Intensität zu ihren genannten Netzwerkpartner*innen vorzunehmen, hatten die Interviewpartner*innen die Gelegenheit, die Verbindung zwischen ihnen und Ihren angegebenen Netzwerkpartner*innen in unterschiedlicher Stärke zu markieren. Ein starker Verbindungsstrich zwischen der eigenen Einrichtung und der/dem genannten Netzwerkpartner*in steht dabei für eine intensive Beziehung (drei Punkte), ein mittlerer Verbindungsstrich für eine mittelmäßige (zwei Punkte) und ein schwacher Strich für eine schwach ausgeprägte Intensität der Beziehung (ein Punkt). Die Summe der Intensitätspunkte für jede der genannten 81 Einrichtungen wurde addiert und durch die Anzahl der Nennungen dividiert. Die eigene Einrichtung blieb dabei natürlich wiederum unberücksichtigt. Die Kennziffern für die Intensität der Beziehung liegen zwischen eins und drei. Bei der Betrachtung dieser Kennziffern ist zu berücksichtigen, dass eine einmalige Nennung mit einer hohen Intensität der Beziehung zu einer Einschätzung mit dem höchsten Wert führt, während Mehrfachnennungen, in der Regel nicht immer die Kennziffer drei beinhalten und deshalb in der Regel zu einem unter drei liegenden Wert führen. Im Folgenden dokumentieren wir die Werte bis 1,5 und berücksichtigen dabei ausschließlich jene Einrichtungen, die mehr als vier Nennungen auf sich vereinen; bei identischen Kennziffern erfolgt eine alphabetische Nennung:

Einrichtung	Intensität der Beziehung (Kennziffer 4)
Landesjugendring Schleswig-Holstein e.V. (LJR)	2,60
Offener Kanal Schleswig-Holstein (OKSH)	2,40

Ministerium für Soziales, Gesundheit, Jugend, Familie und Senioren des Landes Schleswig-Holstein (MSGJFS)	2,33
Aktion Kinder- und Jugendschutz, Landesarbeitsstelle SH e.V. (AKJS)	2,13
Landesbeauftragte für politische Bildung	2,00
Medienanstalt Hamburg/Schleswig-Holstein (MA HSH)	2,00
Institut für Qualitätsentwicklung an Schulen Schleswig-Holstein (IQSH)	1,92
Unabhängiges Landeszentrum für Datenschutz (ULD)	1,83
Landesverband der Volkshochschulen Schleswig-Holsteins e.V. (VHS)	1,80
Büchereizentrale des Büchereivereins Schleswig-Holstein e.V.	1,60
Landespolizeiamt Schleswig-Holstein	1,50
Ministerium für Bildung, Wissenschaft und Kultur des Landes Schleswig-Holstein (MBWK)	1,50
Verbraucherzentrale Schleswig-Holstein e.V. (VZ)	1,50

4.5 Typ der Beziehungen

In einem letzten Schritt haben wir die Interviewpartner*innen gebeten, den Typ der Beziehung zu klassifizieren. Hier werden die Einrichtungen/Institutionen mit den jeweils meisten Stimmen in den verschiedenen Kategorien erwähnt; bei einer identischen Zahl der Nennungen erfolgt eine alphabetische Auflistung.

An der Spitze steht eindeutig die Kategorie „Innovation/Wissenstransfer" gefolgt von der Kategorie „Beratung/Coaching"; dies deutet darauf hin, dass die sachlich, inhaltlichen Aspekte deutlich im Vordergrund der Netzwerkarbeit stehen. In diese Dimension lässt sich auch die Kategorie „Kooperation in Projekten" einordnen. Insgesamt 147 der 205 Nennungen entfallen auf diese drei Dimensionen (71,7 %). Nicht unwesentlich sind auch die Aspekte „Lobbying" und „Finanzielle Unterstützung", die mit jeweils 31 bzw. 27 Nennungen insgesamt 58 Stimmen auf sich vereinen und damit zusammen einen Anteil von rd. 28,3 % ausmachen.

Innovation/Wissenstransfer (I): 76 Nennungen (37,1 %)

In dieser Kategorie werden am häufigsten genannt:

- Aktion Kinder- und Jugendschutz; Landesarbeitsstelle SH e.V. (AKJS): 4
- Institut für Qualitätsentwicklung an Schulen Schleswig-Holstein (IQSH): 4
- Offener Kanal Schleswig-Holstein (OKSH): 4
- Ministerium für Bildung, Wissenschaft und Kultur des Landes SH (MBWK): 4
- Landespolizeiamt Schleswig-Holstein: 3
- Ministerium für Soziales, Gesundheit, Jugend, Familie und Senioren des Landes SH (MSGJFS): 3

Beratung/Coaching (B): 50 Nennungen (24,4 %)

In dieser Kategorie werden am häufigsten genannt:

- Institut für Qualitätsentwicklung an Schulen Schleswig-Holstein (IQSH): 3
- Ministerium für Bildung, Wissenschaft und Kultur des Landes SH (MBWK): 3
- Aktion Kinder- und Jugendschutz; Landesarbeitsstelle SH e.V. (AKJS): 2
- Büchereizentrale des Büchervereins Schleswig-Holstein e.V.: 2
- Landespolizeiamt Schleswig-Holstein: 2

Finanzielle Unterstützung (F): 31 Nennungen (15,1 %)

In dieser Kategorie werden am häufigsten genannt:

- Offener Kanal Schleswig-Holstein (OKSH): 4
- Ministerium für Bildung, Wissenschaft und Kultur des Landes SH (MBWK): 3
- Ministerium für Soziales, Gesundheit, Jugend, Familie und Senioren des Landes SH (MSGJFS): 2

Lobbying (L): 27 Nennungen (13,2 %)

In dieser Kategorie werden am häufigsten genannt:

- Ministerium für Bildung, Wissenschaft und Kultur des Landes SH (MBWK): 4
- Landesjugendring Schleswig-Holstein (LJR): 3
- Ministerium für Soziales, Gesundheit, Jugend, Familie und Senioren des Landes SH (MSGJFS): 2

ISÖ
Institut für
Sozialökologie

Kooperation in Projekten (K): 21 Nennungen (10,2 %)

In dieser Kategorie werden am häufigsten genannt:

- Institut für Qualitätsentwicklung an Schulen (IQSH): 3
- Offener Kanal Schleswig-Holstein (OKSH): 3
- Aktion Kinder- und Jugendschutz, Landesarbeitsstelle SH e.V. (AKJS): 2
- Ministerium für Soziales, Gesundheit, Jugend, Familie und Senioren des Landes SH (MSGJFS): 2

Um einen Überblick über die Spannweite der Typen von Beziehungen im Netzwerk zu gewinnen, gilt es einerseits einen Blick auf die Häufigkeit der Nennungen zu werfen, mit der die Netzwerkpartner*innen erwähnt werden, wenn es um die Kennzeichnung des Beziehungstypus insgesamt geht und andererseits zu betrachten, wie viele interschiedliche Typen genannt werden. Die hier zu bildende Kennziffer 5 setzt sich aus diesen beiden Zahlen zusammen. Betrachtet man jene Einrichtungen und Institutionen, die in mindestens vier von fünf Beziehungsarten genannt werden, so ergibt sich folgendes Bild:

- Institut für Qualitätsentwicklung an Schulen (IQSH):
  fünf Dimensionen mit insgesamt zwölf Nennungen,
- Ministerium für Bildung, Wissenschaft und Kultur des Landes Schleswig-Holstein (MBWK):
  vier Dimensionen mit insgesamt 14 Nennungen,
- Offener Kanal Schleswig-Holstein (OKSH):
  vier Dimensionen mit insgesamt 13 Nennungen,
- Aktion Kinder- und Jugendschutz, Landesarbeitsstelle Schleswig-Holstein e.V. (AKJS):
  vier Dimensionen mit insgesamt neun Nennungen,
- Ministerium für Soziales, Gesundheit, Jugend, Familie und Senioren des Landes Schleswig-Holstein (MSGJFS):
  vier Dimensionen mit insgesamt neun Nennungen,
- Landespolizeiamt Schleswig-Holstein:
  vier Dimensionen mit insgesamt acht Nennungen,
- Landesjugendring Schleswig-Holstein e.V. (LJR):
  vier Dimensionen mit insgesamt sieben Nennungen,
- Büchereizentrale:
  vier Dimensionen mit insgesamt sechs Nennungen,
- Kreisjugendringe:

vier Dimensionen mit insgesamt fünf Nennungen

- Medienanstalt Hamburg/Schleswig-Holstein (MA HSH):
  vier Dimensionen mit insgesamt fünf Nennungen,
- Verbraucherzentrale Schleswig-Holstein e.V. (VZ):
  vier Dimensionen mit insgesamt sechs Nennungen,
- Unabhängiges Landeszentrum für Datenschutz (ULD):
  vier Dimensionen mit insgesamt fünf Nennungen.

4.6 Der Netzwerkindex

In einem sechsten Schritt haben wir die bislang gewonnenen Kennziffern in einer Formel zusammengefasst, um zu einem übersichtlichen zusammenfassenden Ergebnis, dem Netzwerkindex (NWI) zu gelangen. Dazu haben wir die Anzahl der Nennungen (Kennziffer 1) mit der Summe der Kennziffern für die Bedeutung (Kennziffer 2), die Qualität (Kennziffer 3) und die Intensität im Beziehungsnetzwerk (Kennziffer 4) multipliziert: K 6 = K 1 (K 2 + K 3 + K 4). Unberücksichtigt dabei bleibt die Klassifikation nach dem Typus der Beziehung (K 5), da diese sich aus mathematischen Gründen nicht hinreichend präzise abbilden lässt. Auf diese Weise wurde für jede Einrichtung/Institution eine Kennziffer gebildet, die alle über diese Einrichtung/Institution von den anderen Netzwerkpartner*innen abgegebenen Einschätzungen einschließt. So erhält jede Einrichtung einen Indexwert der sich zwischen einem Wert von unter zehn und 70 bewegt; Beginnend mit den höchsten Werten ergibt sich auf den vorderen Plätzen die folgende Rangfolge:

Einrichtung	Netzwerkindex
Offener Kanal Schleswig-Holstein (OKSH)	70
Aktion Kinder- und Jugendschutz, Landesarbeitsstelle SH e.V. (AKJS)	60
Institut für Qualitätsentwicklung an Schulen Schleswig-Holstein (IQSH)	58
Ministerium für Soziales, Gesundheit, Jugend, Familie und Senioren des Landes Schleswig-Holstein (MSGJFS)	54
Landesjugendring Schleswig-Holstein e.V. (LJR)	42
Unabhängiges Landeszentrum für Datenschutz (ULD)	42

ISÖ
Institut für
Sozialökologie

Ministerium für Bildung, Wissenschaft und Kultur des Landes Schleswig-Holstein (MBWK)	39
Verbraucherzentrale Schleswig-Holstein e.V. (VZ)	39
Landespolizeiamt Schleswig-Holstein	36
Büchereizentrale des Büchereivereins Schleswig-Holstein e.V.	34
Landesverband der Volkshochschulen Schleswig-Holsteins e.V. (VHS)	33
Medienanstalt Hamburg/Schleswig-Holstein (MA HSH)	29
Schulen	26
Staatskanzlei des Landes Schleswig-Holstein	21
Kreisjugendringe	16
Europa-Universität Flensburg	15
Landesbeauftragte für politische Bildung	13
Landtag	13
Internationale Bildungsstätte Jugendhof Scheersberg (IBJ)	11

Vergleicht man die Einrichtungen mit dem höchsten NWI mit den Ergebnissen zum Typus der Beziehung (Kennziffer 5), die nicht mit in den NWI eingeflossen ist, so zeigt sich eine hohe Kongruenz. Die vier Einrichtungen mit dem höchsten NWI sind auch in der Spitzengruppe der Einrichtungen mit den höchsten Werten der Kennziffer 5 vertreten. Lediglich das Ministerium für Bildung, Wissenschaft und Kultur des Landes Schleswig-Holstein (MBWK) liegt mit einem Indexwert von 39 nicht in der absoluten Spitzengruppe, weist mit vier Beziehungstypen in insgesamt 14 Nennungen aber bezüglich der Kennziffer 5 einen Spitzenwert auf.

4.7   Die Netzwerkgrafik

Um die Ergebnisse der Netzwerkanalyse auch in einer grafischen Gesamtdarstellung zu präsentieren, haben wir auf das Blatt mit den drei konzentrischen Kreisen zurückgegriffen, das unseren Interviewpartner*innen zur individuellen Ausgestaltung vorlag. In dem innersten Kreis haben wir jene vier Einrichtungen verortet, die einen NWI von mehr als 50 haben; im

ISÖ
Institut für
Sozialökologie

nächstfolgenden Kreis jene, die einen NWI von mehr als 20 und weniger als 50 aufweisen und im dritten Kreis, jene mit einem NWI zwischen zehn und 20. Alle anderen genannten Einrichtungen (mit einem NWI von weniger als 10) wurden außerhalb des Kreises angeordnet. Damit ergibt sich die folgende Übersicht:

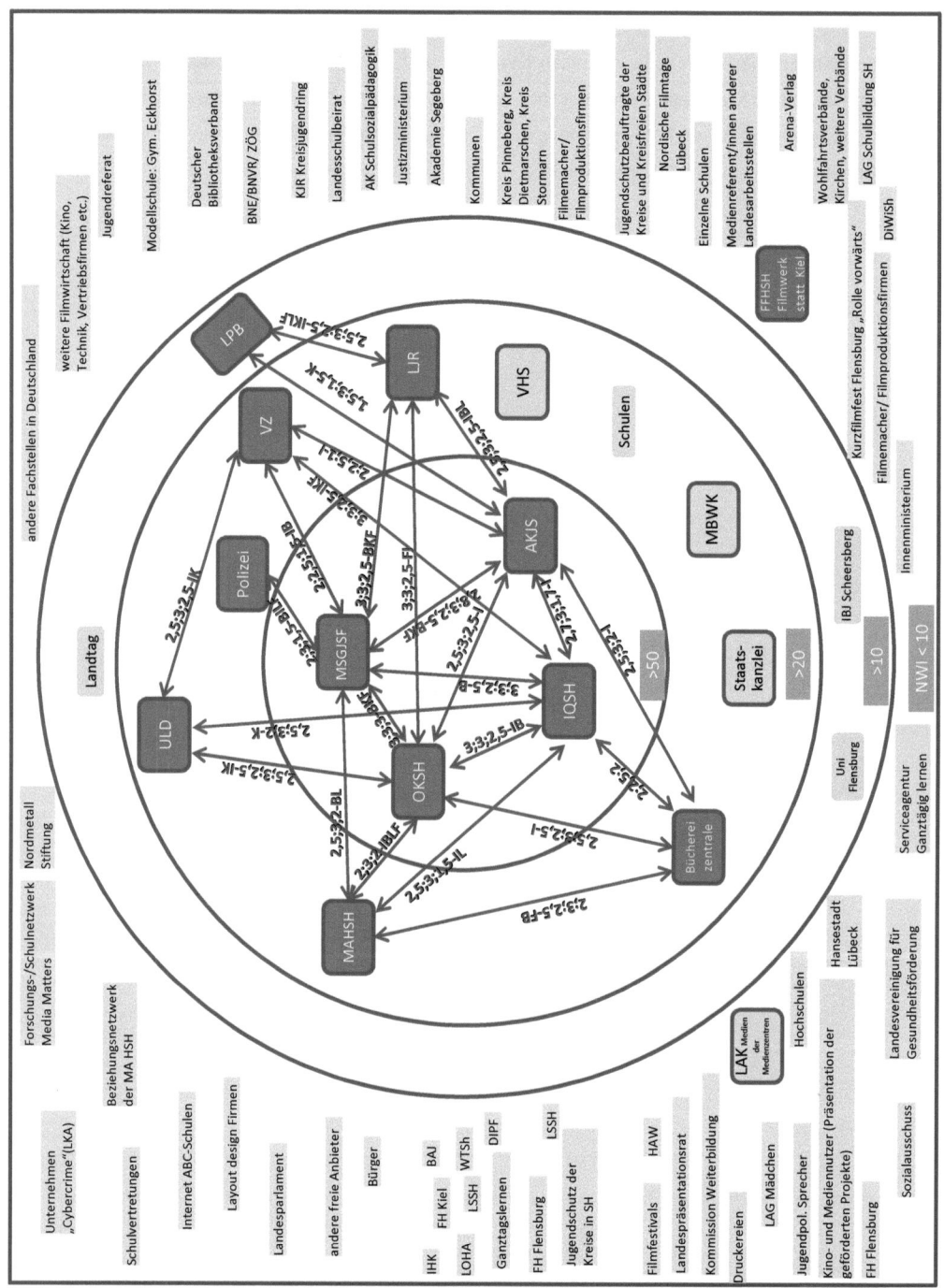

ISÖ
Institut für
Sozialökologie

Legende:

 Interviewte Mitglieder der Lenkungsgruppe des Netzwerkes Medienkompetenz Schleswig-Holstein *mit* Netzwerkanalyse

 Interviewte Mitglieder der Lenkungsgruppe des Netzwerkes Medienkompetenz Schleswig-Holstein *ohne* Netzwerkanalyse

 Von den Mitgliedern des Lenkungskreises des Netzwerkes Medienkompetenz Schleswig-Holstein benannte Kooperationspartner*innen

 als wechselseitig angegebene Beziehung

Reihenfolge der Kennziffern über den als wechselseitig bzw. einseitig angegebenen Beziehungen von links nach rechts:

Bedeutung der Beziehung (K 1); Qualität der Beziehung (K 2); Intensität der Beziehung (K 3) als arithmetisches Mittel der Werte beider Netzwerkpartner*innen

Typisierung der Beziehung durch Großbuchstaben hinter den Kennziffern:

- I = Innovation/Wissenstransfer
- B = Beratung/Coaching
- K = Kooperation
- L – Lobbying
- F = Finanzielle Unterstützung

In Abbildung 79 sind alle Beziehungsqualitäten eingegangen, sofern hierzu Einschätzungen von beiden Einrichtungen wechselseitig abgegeben wurden, auf die Darstellung der einseitig vorgenommenen Beziehungsbewertungen wird hier verzichtet. Die Ziffern auf den wechselseitigen Beziehungspfeilen geben jeweils an, welche Werte für die Kennziffern 2, 3 und 4 (Bedeutung, Qualität und Intensität der Beziehung) vergeben wurden. Dabei handelt es sich um die berechneten arithmetischen Mittelwerte.

Auffällig ist, dass alle Mitglieder der Lenkungsgruppe des Netzwerkes Medienkompetenz Schleswig-Holstein in ihren Beziehungsnetzwerkanalysen angeben, intensiv miteinander vernetzt zu sein. Diese Vernetzung ist in der Regel wechselseitig und ansonsten zumindest einseitig. Es gibt lediglich zwei Netzwerkpartner, die etwas außerhalb stehen und mit den anderen weniger vernetzt sind. In einem Fall ist dabei zu berücksichtigen, dass es sich im Unterschied zu den anderen Einrichtungen und Institutionen lediglich um eine Einzelperson handelt, die ihre Einrichtung vertritt, die nicht auf einen institutionellen Apparat zurückgreifen und

ISÖ
Institut für
Sozialökologie

die sich ihrer Funktion auch nicht aus einer institutionell abgesicherten Position hauptberuf-lich widmen kann. An diesem Beispiel zeigt sich sehr deutlich, dass die Pflege von stabilen Kooperationsbeziehungen auf verlässliche institutionelle Strukturen angewiesen ist. In dem anderen Fall ist die Einrichtung von ihrem Selbstverständnis nicht auf die Unterbreitung eines Medienbildungsangebotes mit Breitenwirkung, sondern eher auf eine sehr spezialisierte (semi-)professionelle Zielgruppe ausgerichtet.

Die vier Einrichtungen, die sich im innersten Kreis des Netzwerkes befinden, zeichnen sich dadurch aus, dass sie alle wechselseitig untereinander gut vernetzt sind. Von den Netzwerk-partner*innen im darum angesiedelten zweiten Kreis unterscheiden sie sich durch eine etwa doppelt so hohe Vernetzungsdichte; während diese vier Einrichtungen/Institutionen sämtlich je sieben wechselseitige Vernetzungen aufweisen, zeichnen sich die Netzwerkpartner*innen mit einem NWI zwischen 20 und 49 demgegenüber durch je vier wechselseitig benannte Be-ziehungsstrukturen aus.

Die Netzwerkanalyse stützt die in den Interviews getroffenen Aussagen zu den Vernetzungs-strukturen. Insgesamt zeichnet sich das Netzwerk Medienkompetenz Schleswig-Holstein durch ein lebendiges und intensives Beziehungsnetz aus. Mit Badura et al. (2013) lässt sich von einem hohen Netzwerkkapital sprechen. Neben Führungskapital sowie Überzeugungs- und Wertekapital stellt das Netzwerkkapital eine der drei Komponenten des Sozialkapitals dar. Das Netzwerkkapital beschreibt die Güte der sozialen Beziehungen. Die maßgeblichen Indikatoren für die Beziehungsqualität sind die Kohäsion, die Qualität der Kommunikation, das Ausmaß des Zusammenhalts der jeweiligen Gruppenmitglieder, der soziale FIT einer Gruppe, der die zwischenmenschliche Passung der Mitglieder beschreibt, sowie die gegen-seitige soziale Unterstützung. In all diesen Dimensionen findet sich eine positive Beurteilung durch die Netzwerkpartner*innen, wie die qualitativen Interviews dokumentieren.

Die Zusammenfassung der Ergebnisse der Netzwerkanalyse findet sich in Kapitel 5.

5 Zusammenfassung der Ergebnisse der Erhebungen

Die folgende Darstellung orientiert sich am Aufbau des Berichtes und fasst die wesentlichen Erkenntnisse der Kapitel ein bis vier zusammen.

Die Ergebnisse der Analyse der Medienprojekte (vgl. Kapitel 1.1.1) der Mitgliedseinrichtungen der Lenkungsgruppe des Netzwerks Medienkompetenz Schleswig-Holstein ergeben, dass diese Medienprojekte ihren Schwerpunkt im pädagogischen und psychologischen Bereich haben. Die Projekte weisen in über der Hälfte der Fälle eine landesweite Ausrichtung aus. Disparitäten zwischen den städtischen und ländlich strukturierten Regionen lassen sich nicht erkennen. Ca. 85 % der Projekte haben einen Umfang von bis zu 50 Unterrichtsstunden und werden überwiegend als Workshops, Seminare und Einzelveranstaltungen organisiert. Bei den pädagogischen Methoden, die zum Einsatz kommen, dominieren eher bewährte, traditionelle Formen wie Einzel-, Partner-, Gruppenarbeit, Vortrag, Projektarbeit, sowie Diskussion. Darüber hinaus wird angegeben, dass das neuere Stationenlernen häufiger praktiziert wird, als dies in der Auswertung der Online-Befragung der Fall ist. E-Learning wird in ca. 20 % der Projekte eingesetzt, und zwar nahezu ausschließlich in Form des Blended Learnings. Die Zielgruppen der Angebote sind – wie auch die Online-Umfrage ergeben hat – zum einen Lehrkräfte und Multiplikator*innen und zum anderen Schulklassen und Jugendgruppen. Bei den Lernzielen steht das „Auswählen und Nutzen von Medienangeboten" an erster und die „Analyse und Einflussnahme im gesellschaftlichen Kontext" an letzter Stelle. Die Durchführung und Realisierung der medienbezogenen Projekte findet zu 78 % in Kooperation mit anderen Einrichtungen und Trägern statt. Hier zeigt sich eine hohe Vernetzung der medienpädagogischen Akteure im Land. Bei den Projekten handelt es sich um bewährte Programmangebote, die in der Regel zehn- bis 20mal durchgeführt werden. In 60 % der Projekte entstehen für die Teilnehmer*innen keine Kosten. Wenn Kosten anfallen, dann liegen diese in 63 % der Fälle zwischen 51 und 199€. Ein barrierefreier bzw. barrierearmer Zugang zur Teilnahme an den Projekten ist in 85 % der Fälle ganz oder teilweise gegeben. Verlässliche Zahlen für die mit den Medienprojekten insgesamt erreichten Teilnehmer*innen lassen sich aufgrund zum Teil fehlender Statistiken der Befragten und der Tatsache, dass zahlreiche Projekte in Kooperation stattfinden, und damit mehrfach Eingang in die Statistiken der beteiligten Partner finden, sofern diese überhaupt erhoben werden, leider nicht benennen.

Die Ergebnisse der Analyse der Einzelveranstaltungen (vgl. Kapitel 1.1.2) der Mitgliedseinrichtungen der Lenkungsgruppe des Netzwerks Medienkompetenz Schleswig-Holstein weisen hinsichtlich der strukturellen Kennzeichen des Angebotes, seiner inhaltlichen Ausrich-
tung sowie der didaktisch-methodischen Gestaltung große Übereinstimmungen mit den Ergebnissen zu den Projekten auf, so dass hierauf nicht weiter eingegangen wird. Im Gegensatz zu den wiederkehrenden Angeboten im Rahmen der Projekte sind die Einzelveranstaltungen mit einem erhöhten konzeptionellen aber auch verwaltungsorganisatorischen Aufwand verbunden. So ist auch die Zahl von sieben Mitgliedseinrichtungen der Lenkungsgruppe zu erklären, die im Jahre 2016 zwischen ein und 20 Einzelveranstaltungen zur Medienbildung angeboten haben. Weitere vier befragte Einrichtungen geben an, in diesem Zeitraum
zwischen 21 und 100 Einzelveranstaltungen durchgeführt zu haben. Die Angaben zu den
damit erreichten Teilnehmer*innenzahlen schwanken zwischen 101 und 200 am unteren
Ende und über 2.000 am oberen Ende der Skala. Rechnet man die Angaben der Befragten zu
den Teilnehmer*innenzahlen hoch, was allerdings mit Unsicherheiten verbunden ist, da – wie
bereits erwähnt – genau Teilnehmer*innenzahlen aufgrund fehlender Statistiken hierzu nicht
verfügbar sind, so gelangt man bei einer vorsichtigen Schätzung, die sich jeweils an den unteren bzw. mittleren Spannbreiten der Angaben orientiert, auf eine Mindestzahl von Teilnehmer*innen an den Einzelveranstaltungen zur Medienbildung von mindestens 10.000 für das
Jahr 2016.

Die Ergebnisse der Analyse zur Einschätzung des gesamten Bildungsangebotes (vgl. Kapitel
1.1.3) durch die Mitgliedseinrichtungen der Lenkungsgruppe des Netzwerks Medienkompetenz Schleswig-Holstein zeigen, dass die geplanten Medienbildungsangebote fast vollständig
mit den später durchgeführten übereinstimmen. Dies spricht dafür, dass die Einrichtungen
und Institutionen sehr gut einschätzen können, wie es um die Wahrscheinlichkeit der Realisation bestimmter Bildungsangebote steht, was keine Selbstverständlichkeit ist. Das Angebot
ist stark auf die Zielgruppen der Lehrkräfte und Multiplikator*innen sowie Schulklassen und
Jugendgruppen fokussiert, was eine Erklärung dafür ist, dass die Medienbildungsangebote
lediglich zu ca. 32 % generationsübergreifend angelegt sind. Bei der Konzipierung der Medienbildungsangebote wird in 41 % der Fälle auf unterschiedliche Projektbibliotheken zurückgegriffen. Hier hat jede Einrichtung ihre spezifischen Zugänge. Knapp 30 % der Befragten
geben an, Medienbildungsangebote aus der Zuwendung des Landes für die Förderung von
Medienbildungsaktivitäten, die über den OKSH im Jahre 2017 zur Verfügung standen, zu finanzieren. Fast zwei Drittel (64,2 %) der Einrichtungen und Institutionen führen eine eigene

Statistik zu ihren Medienbildungsangeboten. Immerhin gut die Hälfte (52,5 %) geben an, für ihre Angebote Evaluationen durchzuführen. Die Ausstattung mit festangestelltem medienpädagogischen Fachpersonal ist eher gering. Lediglich drei der befragten Einrichtungen geben an, Mitarbeiter*innen zu beschäftigen, die ausschließlich mit der Konzipierung, Planung, Durchführung und Evaluation von Medienbildungsangeboten befasst sind. Diese Einrichtungen erklären, insgesamt über sechs Medienpädagog*innenstellen mit einem Stundenanteil zwischen elf und 25 Arbeitswochenstunden zu verfügen. Sowohl ein barrierefreier bzw. barriereärmer Zugang zur Teilnahme an den Medienbildungsangeboten als auch eine behindertengerechte Ausstattung ist – gleichermaßen für Projekte wie auch Einzelveranstaltungen – fast immer ganz oder teilweise gegeben.

Die Online-Befragung (vgl. Kapitel 1.2) zur Medienbildung, die sich an alle 71 anerkannten Träger und Einrichtungen der Weiterbildung in Schleswig-Holstein sowie die Mitglieder der Regionalkonferenzen des Netzwerkes Medienkompetenz Schleswig-Holstein richtete, erreichte eine Rücklaufquote von 36,6 %. Im Unterschied zur Internetrecherche, in der die technischen Inhalte und Themen am stärksten vertreten sind, bilden in der Online-Befragung die pädagogischen und psychologischen Medienbildungsbereiche den Schwerpunkt. Bei den Angeboten sind jene, die regional ausgerichtet sind, in der Überzahl. Disparitäten zwischen den Angeboten in den Städten und denen in den ländlich strukturierten Regionen lassen sich – im Unterschied zu den Einschätzungen in den qualitativen Interviews – nicht feststellen. Rund 80 % der Medienbildungsangebote haben einen Umfang von bis zu sieben Unterrichtsstunden und sind als Workshops und Seminare organisiert. Bei den pädagogischen Methoden, die zum Einsatz kommen, dominieren eher traditionelle Formen wie Gruppenarbeit, Vortrag, Partnerarbeit, Einzelarbeit und Projektarbeit. E-Learningangebote spielen keine große Rolle; wenn sie praktiziert werden, dann ausschließlich als Blended Learning. Die Zielgruppen der Angebote sind zum einen Lehrkräfte und Multiplikator*innen und zum anderen Schulklassen und Jugendgruppen. Bei den Lernzielen steht das „Auswählen und Nutzen von Medienangeboten" an erster Stelle. Jeweils rd. 60 % der befragten Einrichtungen geben an, dass es sich um Angebote handelt, die sie regelmäßig vorhalten und die sie in Kooperation mit anderen Institutionen realisieren. Ungefähr die Hälfte der Weiterbildungsanbieter, die sich an der Umfrage beteiligt haben, gibt an, eine eigene Statistik über ihre Angebote zu führen und eine Evaluation der Bildungsangebote durchzuführen.

Die Internetrecherche (vgl. Kapitel 1.3) zu den Medienbildungsangeboten in Schleswig-Holstein zeigt, dass bei den in den drei analysierten Datenbanken und Portalen gefundenen

Angeboten die technischen Themen und Inhalte dominieren, die sich zum überwiegenden Teil auf spezielle technische Anwendungen und PC-Programme konzentrieren. Diese werden überwiegend von Weiterbildungsunternehmen offeriert. Bei den pädagogischen und psychologischen Themen unterbreiten die öffentlichen Erwachsenenbildungsträger, insbesondere die Volkshochschulen das größte Angebot.

Die Ergebnisse der qualitativen Interviews zum außerunterrichtlichen Medienbildungsangebot (vgl. Kapitel 1.4) machen deutlich, dass das außerunterrichtliche Medienbildungsangebot von den Interviewten in seiner Qualität als insgesamt gut und bezüglich seiner Quantität als ausbaubedürftig eingeschätzt wird. Als Spezifikum der Medienbildung in Schleswig-Holstein werden zum einen die besondere Stellung des OKSH, der für eine aktiv-befürwortende Medienbildung steht (Willers 2017a), und zum anderen die im präventiven Jugendmedienschutz (Geisler 2013) stark engagierten hauptamtlichen Jugendschutzbeauftragten bei den Städten und Kreisen genannt. Das Themenspektrum der Angebote wird hinsichtlich der Aktualität der Inhalte positiv beurteilt. Hingegen wird der Einsatz innovativer methodisch-didaktischer Ansätze und moderner Medientechnik eher zurückhaltend beantwortet. Auf ein Verständnis von handlungsorientierter Medienbildung, die großen Wert auf den diskursiven Beziehungsaufbau und eine Wertorientierung legt und der die Arbeit an Haltungen besonders wichtig ist, wird wiederholt hingewiesen. Die Fokussierung der Angebote auf die Zielgruppen von Kindern, Jugendlichen sowie Multiplikator*innen wird als angemessen und richtig beurteilt. Dabei wird konstatiert, dass bildungsferne und sozial benachteiligte Zielgruppen nur schwer erreicht werden können. Die strukturelle Benachteiligung der Westküste bei der Versorgung mit Medienbildungsangeboten wird kritisch erwähnt. Medienbildung wird überwiegend als öffentliche Aufgabe angesehen; bei den Medienbildungsanbietern herrscht deshalb ein subsidiäres Selbstverständnis in Bezug auf das Vorhalten von Bildungsangeboten. Eine Herausforderung wird darin gesehen, neben einer Angebotsorientierung den Gedanken der Nachfrageorientierung zu stärken, indem bspw. offene bzw. auch mobile Räume für Medienbildungsangebote geschaffen werden; hier wird auf die anlaufenden Modellprojekte mit den Digitalen Knotenpunkten verwiesen. Hiermit verbunden ist auch ein modernes Verständnis der Organisation von Bildungsangeboten, in dem Medienpädagog*innen zu Architekt*innen von Lehr-Lern-Arrangements werden.

Eine weitere Professionalisierung der Organisationsstruktur der außerunterrichtlichen Medienbildung sollte – so die Auffassung der Befragten – konsequent betrieben werden. Hierzu zählt auch, die Auffindbarkeit von Medienbildungsangeboten für interessierte Laien durch

ISÖ
Institut für
Sozialökologie

entsprechende Plattformen zu verbessern. Schließlich machen die verschiedenen Ansätze zur Erfassung des außerunterrichtlichen Medienbildungsangebotes deutlich, dass es an einer einheitlichen Statistik für diesen Bereich leider fehlt. Dies ist aber kein Spezifikum in Schleswig-Holstein, sondern ein Charakteristikum für den quartären Bildungssektor in Deutschland insgesamt.

Die Ergebnisse der qualitativen Interviews zum Netzwerk Medienkompetenz (vgl. Kapitel 2) verdeutlichen, dass die Abstimmungsprozesse im Rahmen der Lenkungsgruppe des Netzwerks Medienkompetenz Schleswig-Holstein – unter Wahrung der Autonomie der verschiedenen Netzwerkpartner*innen – für die Sicherstellung eines flächendeckenden Medienbildungsangebotes eine sehr wichtige Rolle spielen. Teilweise wird mehr Transparenz in den Arbeitsweisen und Abstimmungsprozessen eingefordert. Diese könnte durch die Installation eines Arbeitsausschusses als Treffen von Mitgliedern der Lenkungsgruppe des Netzwerkes geschaffen werden. Eine Aufgabe für die Lenkungsgruppe besteht einerseits darin, wie in den Interviews wiederholt betont wird, das medienpädagogische Landeskonzept Schleswig-Holstein aktuell umzusetzen und aktuell zu halten und sich andererseits auf Eckpfeiler einer gemeinsamen Statistik der Medienbildung zu verständigen.

Im Gegensatz zur Lenkungsgruppe ist die Funktion der Regionalkonferenzen etwas unklar. Diese könnten – so die Interviewten – noch stärker als bisher einen Beitrag zur Sicherstellung eines flächendeckenden Medienbildungsangebotes im Lande leisten und darüber hinaus dem fachlichen Austausch der Medienpädagog*innen in den Regionen dienen. Zur Stärkung der Infrastrukturen des Netzwerkes Medienkompetenz werden ein regelmäßig erscheinender Newsletter für Multiplikator*innen, Medienpädagog*innen und Eltern, die Installation eines Arbeitsausschusses als Treffen von Mitgliedern der Lenkungsgruppe des Netzwerkes Medienkompetenz Schleswig-Holstein auf Arbeitsebene, die Koordination der Vermittlung von Dozent*innen der außerunterrichtlichen Medienbildung, eine medienpädagogische Toolbox sowie eine Fort- und Weiterbildungsdatenbank für außerunterrichtliche Medienbildungsangebote vorgeschlagen.

Die Ergebnisse der qualitativen Interviews zum OKSH-Koordinationsbüro Medienkompetenz (vgl. Kapitel 3) zeigen deutlich auf, dass der OKSH über eine lange Erfahrung im Bereich der Konzipierung und Durchführung von Medienbildungsangeboten verfügt; er nimmt schon seit Jahren die Funktion eines Bildungsanbieters ein. Hierin unterscheidet er sich auch deutlich von anderen Offenen Kanälen oder Bürgersendern in der Republik. Die Expertise des OKSH wird von seinen Kooperationspartner*innen sehr geschätzt. Die praktische Medienbildungs-arbeit des OKSH basiert auf einem sehr differenzierten Fundament von konzeptionellen Über-legungen, das sich in verschiedenen internen Papieren abbildet. Mit der Projektbibliothek verfügt der OKSH über einen sehr breiten Fundus konzeptioneller und auch methodisch-didaktischer Hinweise, der leider zu wenig bekannt ist und deshalb auch relativ wenig genutzt wird. Hierin steckt ein noch weitgehend ungenutztes Potential. Mit dem neuen Internetauftritt und der App „Bürger Senden" werden wichtige Schritte eingeleitet, das Leistungsangebot noch transparenter zu präsentieren. Der OKSH ist bestrebt, in seinen Medienbildungsaktivitä-ten über die traditionellen Veranstaltungsangebote hinausgehend auch neue didaktisch-methodische Ansätze zu erproben. Im Bereich des E-Learning wird derzeit mit der Produktion kleiner Instruktionsvideos experimentiert, die demnächst auf einer eigenen Plattform den Nutzer*innen zur Verfügung gestellt werden sollen. Die Bildungsangebote des OKSH, der mit seinen Angeboten ein zentraler Anbieter für Medienbildung in Schleswig-Holstein ist, sind den Expert*innen und Multiplikator*innen im Land gut bekannt. Allerdings ist das OKSH-Angebot „MedienDoc.de", das sich an interessierte Bürger*innen wendet, noch nicht hinrei-chend kommuniziert. Zusätzlich bietet der OKSH seit Sommer 2017 die App „BürgerSenden" an. Die neu übernommene Funktion des OKSH bei der Verteilung von Mitteln für Medienbil-dungsangebote ist zum Zeitpunkt der Befragung im Herbst 2017 noch nicht hinreichend be-kannt; dies liegt an der geringen Zeitspanne seit dem diese Praxis Anfang April 2017 einge-führt wurde. Einerseits selbst bzw. in Kooperationen Medienbildungsangebote zu unterbrei-ten und andererseits Fördergelder zu verteilen, stellt besondere Herausforderungen an das Verfahren. Mit dem Umbau der Organisationsstruktur des OKSH wurde nun auch im Organi-gramm dokumentiert, dass der Bereich der Medienbildung einen separaten Bereich neben dem Bereich Radio und Fernsehen darstellt. Es handelt sich hier um einen eigenen, für den funktionsgerechten strukturellen Ablauf notwendigen Schlüsselprozess.

Die Ergebnisse der Netzwerkanalyse (vgl. Kapitel 4) bringen visuell die Beziehungsstrukturen der Netzwerkpartner zum Ausdruck. Auf der Basis der Einschätzungen zur Zahl der Nennun-gen, der Beurteilung von Bedeutung, Qualität, Intensität und des Typs der Beziehung (Innova-tion/Wissenstransfer, finanzielle Unterstützung, Beratung/Coaching, Lobbying; Kooperation in Projekten) wird für jede/n Netzwerkpartner*in ein Netzwerkindex (NWI) gebildet. Der Wert des NWI entscheidet über die Positionierung in der Netzwerkkarte. In dieser werden dann zusätzlich die wechselseitigen Beziehungsstrukturen der Netzwerkpartner verzeichnet. Die Ergebnisse belegen, dass die Mitglieder der Lenkungsgruppe des Netzwerkes Medienkompetenz Schleswig-Holstein intensiv miteinander vernetzt sind und über ein hohes Netzwerkkapital verfügen. Die vier Einrichtungen, die sich im innersten Kreis des Netzwerkes befinden zeichnen sich durch eine besonders hohe Vernetzungsdichte aus. Insgesamt kennzeichnet das Netzwerk Medienkompetenz Schleswig-Holstein sehr lebendige und intensive Vernetzungsstrukturen.

6 Fazit

Nachdem im letzten Kapitel die Erkenntnisse der Studie zur außerunterrichtlichen Medienbildung in Schleswig-Holstein anhand der verschiedenen Untersuchungsfelder resümierend rekapituliert wurden, sollen diese nun auf einer abstrakten Ebene und unter Einbeziehung aktueller medienpädagogischer, lerntheoretischer, organisationsbezogener und gesellschaftspolitischer Erkenntnisse weiter systematisiert und verdichtet werden. Diese Ebenen sind die folgenden: Inhalt, Konzept, Prozess, Struktur und Gesellschaftspolitik. Wir beginnen dabei mit einer Mikro-Perspektive (Inhalte und Konzepte), um über die Meso-Perspektive (Strukturen und Prozesse) zur Makro-Perspektive (Gesellschaftspolitik) zu gelangen.

Inhaltliche Ebene:

1. Es existiert qualitativ und quantitativ ein breites und ausbaufähiges Angebot an außerunterrichtlichen Medienbildungsangeboten, das sich einer wachsenden Nachfrage erfreut und das es sowohl inhaltlich als auch methodisch-didaktisch durch die neue Förderpraxis weiter zu entwickeln gilt. Im Vordergrund dieses Angebotes stehen pädagogische und psychologische Themen, die sich primär an Multiplikator*innen sowie Kinder- und Jugendgruppen richten. Getragen wird das Medienbildungsangebot überwiegend von öffentlichen Einrichtungen und solchen, die im Interesse des Gemeinwohls agieren und deren Ziel es ist, ein flächendeckendes Medienbildungsangebot zu unterbreiten.

2. Die Landschaft der außerunterrichtlichen Medienbildungsangebote in Schleswig-Holstein präsentiert sich insgesamt unübersichtlich; eine einheitliche Statistik wäre hilfreich. Für interessierte Bürger*innen ist es nicht immer ganz einfach, die für sie passenden außerschulischen und außerunterrichtlichen Medienbildungsangebote zu finden. In den einschlägigen Weiterbildungsdatenbanken und Portalen sind die medienpädagogischen Angebote unterrepräsentiert.

Konzeptionelle Ebene:

3. Grundlage für die medienpädagogische Arbeit ist das medienpädagogische Landeskonzept Schleswig-Holstein, das bereits aus dem Jahre 2010 stammt. Dieses gilt es in seinen Perspektiven und Zielstellungen zu überprüfen und in seiner Positionierung bezüglich des

Digitalisierungsprogramms Schleswig-Holstein (Der Ministerpräsident des Landes Schles-wig-Holstein 2018) neu zu verorten. Über das Konzept selbst und den Kreis, in dem an der inhaltlichen Überarbeitung des medienpädagogischen Landeskonzeptes gearbeitet werden soll, gilt es in einem diskursiven Prozess der Lenkungsgruppe des Netzwerkes Medienkom-petenz Schleswig-Holstein zu beraten.

4. In den konzeptionellen Überlegungen zur Medienkompetenz gilt es diese nicht nur als individuelle, sondern auch gesellschaftliche Kompetenz zu verstehen (Zorn 2017). Diese drückt sich darin aus, dass wir als Gemeinwesen kompetent darüber entscheiden können, welche Entwicklungspfade der Mediatisierung wir beschreiten wollen, weil wir sie für eine demokratische Gesellschaft angemessen halten (Krotz 2016, S. 25). Der Medienpädagogik kommt hier eine Schlüsselrolle zu, wie die Gesellschaft für Medienpädagogik und Kommuni-kationskultur (2016) in ihrem Positionspapier „Datafizierung des Lebens" feststellt. In diesem Sinne plädiert auch das Strategiepapier „Digitale Datenerhebung und -verwertung als Heraus-forderung für Medienbildung und Gesellschaft" (Aßmann et al. 2016) dafür, die demokrati-sche „Mitgestaltung der digitalen Infrastruktur" selbst zum Gegenstand pädagogischer Be-mühungen zu machen.

Prozessbezogene Ebene:

5. Es existiert ein insgesamt sehr gut funktionierendes Netzwerk der relevanten Akteure von außerunterrichtlichen Medienbildungsangeboten in Schleswig-Holstein, das engagiert arbei-tet und zahlreiche Kooperationen bei der Realisation von Medienbildungsangeboten pflegt. Die Netzwerkanalyse bestätigt die intensiven Vernetzungsstrukturen. Das Instrument der Regionalkonferenzen gilt es als Plattform des kollegialen Austausches zu stärken.

6. Der OKSH hat in den letzten Jahren neben seiner Kompetenz im Bereich des Bürgerfunks auch als Anbieter und Koordinator von außerunterrichtlichen Medienbildungsangeboten Ex-pertise erworben und sich in diesem Bereich bewährt. Er nimmt als maßgeblicher Akteur der außerunterrichtlichen Medienbildung in Schleswig-Holstein eine zentrale Rolle ein. Die Au-ßenwahrnehmung des OKSH-Koordinationsbüros Medienkompetenz mit seinen vier Standor-ten wird bestimmt (1) durch die medienpädagogische Expertise im Kontext von Seminaren, und Workshops, (2) die Consulting- und Beratungsfunktion insbesondere für institutionelle Vertreter*innen und (3) als ausreichende Stelle von Fördermitteln.

7. Mit der Anforderung, die außerunterrichtlichen Medienbildungsangebote sowohl ange-
bots- als auch nachfrageorientiert auszurichten, geht die Herausforderung einher, neben den
inhaltlich vorab definierten Themen zunehmend auch offene und mobile Angebote zu realisieren (Thissen 2017). Medienpädagog*innen werden in diesen Settings von Vermittler*innen
bestimmter Inhalte und Themen zu Lerncoaches, die dafür zuständig sind, entsprechende für
die Adressat*innengruppe und deren Lernziele förderliche Lehr-Lern-Arrangements bereitzu-
stellen.

Strukturbezogene Ebene:

8. Der OKSH ist dabei, seine Funktion als Bildungsanbieter von Medienbildung weiter im
Sinne eines systematischen Qualitätsmanagements zu professionalisieren. Dabei kristallisie-
ren sich drei Funktionsbereiche heraus: Erstens die Konzipierung, Durchführung und Evaluation von eigenen Medienbildungsangeboten, zweitens die Beratung von Institutionen und
Einzelpersonen bezüglich außerunterrichtlicher Medienbildung und drittens die Förderung
Dritter aus den Zuwendungen des Landes. Die Herausforderung besteht darin, diese Aufgaben organisatorisch klar voneinander abzugrenzen und insbesondere für den dritten Bereich
Strukturen und Abläufe zu verstetigen, die sowohl den rechtlichen Anforderungen gerecht
werden als auch externe Expertise einbinden.

9. Zukünftig wird eine der Herausforderungen in der Medienbildung Schleswig-Holsteins
darin bestehen, den Schlüsselprozess der Medienbildung im Kontext eines Qualitätsmanagements bei allen Anbietern von außerunterrichtlicher Medienbildung verstärkt in den Blick
zu nehmen, um die in diesem Bereich erbrachten Leistungen einerseits noch deutlicher nach
außen sichtbar zu machen und andererseits die Dokumentation (Statistik) und Evaluation der
eigenen Medienbildung gezielt weiter zu entwickeln. Außerdem geht es darum, die Serviceleistungen (bspw. durch eine zentrale Fort- und Weiterbildungsdatenbank für außerschulische bzw. außerunterrichtliche Medienbildungsangebote) zu verstetigen und die Vernetzungsstrukturen zu pflegen.

10. Es bleibt ein wichtiges Ziel, strukturelle Disparitäten zu beseitigen, die sich entweder in
einer unterschiedlichen Versorgung von städtischen und ländlichen Regionen mit außerunterrichtlichen Medienbildungsangeboten oder auch einer erschwerten Erreichbarkeit bestimmter Zielgruppen bspw. bildungsferner und sozial benachteiligter Menschen zeigen, weil
Medienkompetenzen über digitale gesellschaftliche Teilhabechancen mit entscheiden.

ISÖ
Institut für
Sozialökologie

Gesellschaftspolitische Ebene:

11. Wenn außerunterrichtliche Medienbildung als eine öffentliche Aufgabe der Daseinsvorsorge verstanden wird, wie die überwiegende Mehrheit der außerunterrichtlichen Medienbildungsanbieter dies sieht, so resultiert daraus ein subsidiäres Selbstverständnis ihrer Medienbildungsaktivitäten. Daraus resultiert zwingend die Notwendigkeit, Medienbildung in allen Studien- und Ausbildungsordnungen des pädagogischen Personals auf allen Ebenen in den entsprechenden Curricula zu verankern (Deutsche Gesellschaft für Erziehungswissenschaft 2017). Dadurch werden die Voraussetzungen und Bedingungen dafür geschaffen, dass die Zielgruppe der Multiplikator*innen mit den für ihre Tätigkeit erforderlichen Medienvermittlungskompetenzen ausgestattet wird.[3]

12. Den Bemühungen um ein reichhaltiges außerunterrichtliches Medienbildungsangebot in Schleswig-Holstein können durch die Unterstützung und Förderung entsprechender, auf die Stärkung der Infrastrukturen abzielender politischer Rahmensetzungen neue Impulse verliehen werden. Diese sollten darauf abzielen, die Anbieter in ihren Aktivtäten des Qualitätsmanagements, der Verbesserung der Rahmenbedingungen von Medienbildung sowie der Professionalisierung von Medienpädagog*innen nachhaltig zu unterstützen.

---

[3] Anfang 2018 hat das Deutsche Institut für Erwachsenenbildung zusammen mit der Eberhard Karls Universität Tübingen unter dem Titel „Medienpädagogische Kompetenz des beruflichen Weiterbildungspersonals zur Unterstützung des Einsatzes digitaler Medien in formalen, non-formalen und informellen Lernsettings" ein vom Bundesministerium für Bildung und Wissenschaft (BMBF) gefördertes Projekt gestartet. Ziele dieses Forschungsprojektes sind die Entwicklung eines medienpädagogischen Kompetenzmodells für Beschäftigte in der beruflichen Weiterbildung und die Erfassung dieser Kompetenzfacetten im Feld. Aus der Kompetenzerfassung soll abgeleitet werden, inwieweit ein Bedarf an medienpädagogischer Weiterbildung bei Lehrenden und anderen Beschäftigten besteht. Außerdem soll ein Selbsttest für Weiterbildner*innen zur Einschätzung der Medienkompetenz entwickelt werden, der individuelle Rückmeldungen und Hinweise zu Entwicklungspotenzialen gibt.

ISÖ
Institut für
Sozialökologie

7 Empfehlungen zur Organisationsstrukturentwicklung

Die im Folgenden darzustellenden 15 Empfehlungen greifen die in den Ergebnissen und dem Fazit formulierten Erkenntnisse auf und richten sich an unterschiedliche Adressat*innen. Dabei gilt es zu berücksichtigen, dass die Auswertung der in den verschiedenen Untersuchungsschritten erhobenen umfangreichen Daten, den Schluss zulassen, dass sowohl der Umfang der Aktivitäten als auch die kollegialen Absprachen im Rahmen des Netzwerks Medienkompetenz Schleswig-Holstein bundesweit keinen Vergleich zu scheuen brauchen, wenn nicht sogar vorbildhaft sind. Neben der grundsätzlichen Einschätzung, dass eine quantitative Ausweitung der Medienbildung in Schleswig Holstein innerhalb der vorhandenen Strukturen sehr sinnvoll wäre, sind die im folgenden formulierten Empfehlungen als solche zur Justierung der praktizierten Arbeit und nicht als Vorschlag für eine vollständige Neustrukturierung zu verstehen. Es geht hier im Sinne der Organisationsentwicklung von lernenden Systemen um einen Prozess der „Optimierung bisheriger Praxis" im Sinne eines kontinuierlichen Wandels (Gergs 2016). Dieser Weg beschreibt einen Veränderungstypus bei den bestehende Strukturen, Prozesse und Praktiken einer kontinuierlichen Verbesserung unterzogen werden. Es handelt sich um eine proaktive Veränderung. An diesem Prozess wirken alle Angehörigen des Systems partizipativ mit (Scharmer 2009; Scharmer & Käufer 2014).

Die Empfehlungen sind dabei so formuliert, dass sie versuchen, einen Rahmen für die Umsetzung abzustecken und auch Hinweise zur Veränderung geben; die konkrete Ausgestaltung bleibt aber den Adressat*innen überlassen. Deshalb sind einige der Empfehlungen auch bewusst sehr kurz gehalten, während andere mehr Explikationen erfordern. Wir sind uns durchaus bewusst, dass einige der hier formulierten Empfehlungen erhebliche neue Anforderungen stellen. Deshalb gehen wir davon aus, dass es bereits einen Erfolg im Sinne der Organisationsstrukturentwicklung darstellt, wenn durch die Empfehlungen ein Impuls gegeben wird, über bisherige Strukturen, Prozesse und Haltungen neu nachzudenken. Mit der hier gewählten Reihung ist keine Rangfolge verbunden.

Empfehlungen an die Mitglieder der Lenkungsgruppe des Netzwerkes
Medienkompetenz Schleswig-Holstein:

1. Um die geringe Repräsentanz der Medienbildungsangebote der Mitglieder des Netzwerkes Medienkompetenz Schleswig-Holstein in den einschlägigen Online-Datenbanken zu verbessern, wird empfohlen, zu prüfen, ob und wie die entsprechenden pädagogischen und psychologischen Medienbildungsangebote systematisch in die relevanten Datenbanken eingepflegt werden können.

2. Um die bessere Auffindbarkeit von außerunterrichtlichen Medienbildungsangeboten sicherzustellen, wird empfohlen, eine zentrale Fort- und Weiterbildungsdatenbank für außerschulische und außerunterrichtliche Medienbildungsangebote aufzubauen und zu pflegen. Diese sollte nicht nur für Individuen als Informationsquelle dienen, sondern auch für institutionelle Consulting- und Beratungsfunktionen zur Verfügung stehen. Wichtig ist es dabei, dass diese Plattform von spezifischen Einrichtungs- und Institutionsinteressen unabhängig ist.

3. Es wird empfohlen, das medienpädagogische Landeskonzept Schleswig-Holstein in Übereinstimmung mit dem Digitalisierungsprogramm Schleswig-Holstein (Der Ministerpräsident des Landes Schleswig-Holstein 2018) und der Strategie der Kultusministerkonferenz (2017) an die aktuellen Herausforderungen anzupassen.

4. Es wird empfohlen, einen regelmäßig erscheinenden Newsletter für Multiplikator*innen, Medienpädagog*innen und Eltern herauszugeben.

5. Es wird empfohlen, einen Arbeitsausschuss als Treffen von Mitgliedern der Lenkungsgruppe des Netzwerkes Medienkompetenz Schleswig-Holstein auf Arbeitsebene zu installieren.

6. Es wird empfohlen das Instrument der Regionalkonferenzen als Plattform des kollegialen Austausches zu stärken.

Empfehlungen an die Anbieter von außerunterrichtlichen Medienbildungsangeboten:

7. Es wird empfohlen, neben den angebotsorientierten außerunterrichtlichen Medienbildungsangeboten auch neue Formen der nachfrageorientierten Medienbildung in offenen und

mobilen Settings noch stärker zu erproben und diesbezügliche didaktisch-methodische Fort-bildungen für Medienpädagog*innen zu unterbreiten, die auch der veränderten Rolle von Leh-renden in digital gestalteten Lernprozessen gerecht wird.

8. Im Interesse der Qualitätssicherung außerunterrichtlicher Medienbildungsangebote wird für jene Anbieter von Medienbildungsangeboten, die sich von ihrem Aufbau und ihrer Organi-sationsstruktur nicht als traditionelle Bildungseinrichtungen verstehen und für die die Konzi-pierung, Durchführung und Auswertung von Fort- und Weiterbildungsangeboten nicht zu ih-rem primären Organisationszweck gehört, empfohlen, sich – bezogen auf ihre Angebote – mit den Qualitätsebenen von Medienbildung zu beschäftigen. Für den OKSH, der sich neben seiner Kompetenz im klassischen Bereich des Produzierens von Hörfunk- und Fernsehsen-dungen in den letzten Jahren selbst zu einem der größten Anbieter und Koordinator außerun-terrichtlicher Medienbildung in Schleswig-Holstein entwickelt hat, wird empfohlen, den Schlüsselprozess „Medienbildung" in seiner strukturellen Einbindung und seinem prozessua-len Ablauf deutlicher als bisher zu definieren und zu beschreiben.

Die Qualitätsebenen von Medienbildung sind dabei die folgenden:
- Angebots- und Einrichtungsqualität,
- Durchführungsqualität sowie
- Ergebnisqualität.

Die Angebots- und Einrichtungsqualität beschreibt die strukturellen Rahmenbedingungen und ist die Voraussetzung und Bedingung für die Durchführungs- sowie Ergebnisqualität. Die Durchführungsqualität erfasst die Prozessqualität der Interaktionen in der Bildungsarbeit, d.h. die Haltungen und das Verhalten der Medienpädagog*innen. Die Ergebnisqualität nimmt die Qualität einzelner Angebote bzw. des Gesamtprogramms einschließlich der Wirkungen auf die Zielgruppen in den Blick.

9. Es wird empfohlen, die Beschäftigung mit der Qualität von außerunterrichtlichen Medien-bildungsangeboten in ein umfassendes Qualitätsmanagement der Einrichtungen, die Medi-enbildungsprojekte und -veranstaltungen unterbreiten, zu integrieren (Knaus, Meister & Tulodziecki 2017). Dabei gilt es auch Qualitätskriterien für digital gestützte Medienbildungs-angebote zu definieren und in bewährte Qualitätssysteme einzubinden (Kultusministerkonfe-renz 2017, S. 58). Hierzu gibt es ganz unterschiedliche Ansätze und Verfahren. Aufgrund der im Bereich der Bürgermedien und der Medienbildung schon in anderen Bundesländern ge-sammelten Erfahrungen (Schäfer 2012, 2014, 2016; Heinold-Krug & Schäfer 2012, 2013)

ISÖ
Institut für
Sozialökologie

empfehlen wir die Arbeit mit selbst erarbeiteten Mindestanforderungen. Diese können sich beispielsweise auf die folgenden Bereiche konzentrieren:

- Leitbild mit Aussagen zum Qualitätsverständnis,
- Aufbau der Organisationsstruktur,
- Qualitäts- und Ressourcenmanagement,
- Qualitative und quantitative Personalaspekte einschließlich Mitarbeiter*innenfortbildung,
- Schlüsselprozesse,
- Qualität der Infrastruktur,
- Nutzer*innenbezogene Rahmenbedingungen inkl. Nutzer*innenschutz sowie
- externe und interne Evaluation.

Wenn hier von Qualitätskriterien die Rede ist, die in Mindestanforderungen fixiert werden, so gilt es zu betonen, dass diese lediglich einen Rahmen darstellen, den es durch je spezifische Regelungen, angepasst an die personellen und finanziellen Ressourcen, auszugestalten gilt. Das Verfahren ist als regulierte Selbstregulierung zu verstehen. Dieser Ansatz des Qualitätsmanagements zielt darauf ab, Impulse für die kontinuierliche Auseinandersetzung im Sinne einer lernenden Organisation (Senge 2011) zu setzen. Die Auseinandersetzung mit den Qualitätskriterien soll die Einrichtungen und Institutionen darin stärken, ihren wichtigen gesellschaftlichen Auftrag in der digitalen Welt noch besser wahrnehmen zu können.

10. Zum Qualitätsmanagement gehört auch die Dokumentation der außerunterrichtlichen Medienbildungsangebote. Es wird empfohlen, dass sich die Anbieter auf ein einheitliches System der Erfassung der Rahmendaten ihrer Bildungsangebote für die Statistik verständigen. Wegen der äußerst unterschiedlichen Angebote, der unterschiedlichen Konzepte und pädagogischen Vorgehensweisen der verschiedenen Anbieter, deren engem Zeitbudget sowie der Subsidiarität ihrer Arbeit, ist ein solches einheitliches System eine besondere Herausforderung. Deshalb empfehlen wir ein dreistufiges Vorgehen:

- Stufe 1: Eine Arbeitsgruppe im Netzwerk Medienkompetenz könnte Gemeinsamkeiten für Dokumentationsverfahren definieren.
- Stufe 2: Auf dieser Grundlage könnten sich die einzelnen Anbieter intern und autonom zu einem Dokumentationsverfahren positionieren.
- Stufe 3: Im Rahmen der Lenkungsgruppe des Netzwerks Medienkompetenz könnten sich die Anbieter, die sich für ein Dokumentationsverfahren entscheiden, abstimmen.

Die Dokumentation beginnt bereits mit der Programmplanung und dem Anmeldeverfahren. Bei der Festlegung von zu erfassenden Parametern von Bildungsangeboten sollte schon an die Evaluation gedacht werden und nur solche statistischen Daten erfasst werden, mit Hilfe derer Kennziffern und -zahlen generiert werden können, die von Relevanz für die Bewertung der eigenen Bildungsaktivitäten sind. Für Angebote, die aus Mitteln und Zuwendungen des Landes Schleswig-Holstein stammen, sollte überlegt werden, ob und in welcher Form es möglich ist, die zu Recht gelobte unbürokratische und schnelle Abwicklung mit einer Auswertung zu verbinden, die neue Erkenntnisse beinhaltet.

11. Um verlässliche Aussagen über die Zielerreichung sowie die Nachhaltigkeit von außerunterrichtlichen Medienbildungsveranstaltungen treffen zu können, wird empfohlen, eine (Selbst-)Evaluation durchzuführen, die für die Einrichtungen auch realisierbar ist. Bei den Überlegungen zu einer Konzeption für die Evaluation sollte zunächst Klarheit darüber hergestellt werden, welche Ziele die Evaluation verfolgt und welche Indikatoren es dafür gibt. Hier kann Bezug genommen werden auf die bereits angeführten Qualitätsebenen von Medienbildung. Danach ist zu klären, welche Angebote zu welchem Zeitpunkt und in welchem Rhythmus evaluiert werden sollen. Abschließend gilt es eine Antwort auf das Wie der Evaluation zu finden; also mit welchen Instrumenten evaluiert werden soll. Evaluationsergebnisse zu produzieren macht nur dann Sinn, wenn die Ergebnisse auch an die Befragten zurück gemeldet werden. Hiervon hängt die Bereitschaft zur weiteren Beteiligung an Evaluationen entscheidend ab.

Empfehlungen an die Landesregierung Schleswig-Holstein:

12. Mit der Vergabe von Fördermitteln kann auch der Anspruch verbunden sein, die Qualität des Angebots durch Evaluationen nachzuweisen. Dabei empfehlen wir zu berücksichtigen, dass die Anforderungen an eine Evaluation, die dafür eingeplanten Mittel und ihre Relation zu der für die Durchführung des Angebotes anzusetzenden Ressourcen in einem vernünftigen Verhältnis zueinanderstehen.

13. Durch entsprechende Vorgaben innerhalb der Förderkriterien für außerunterrichtliche Medienbildung empfehlen wir die Wahrscheinlichkeit des Auftretens von strukturellen Disparitäten zu minimieren, auszugleichen bzw. erst gar nicht entstehen zu lassen.

14. Es wird empfohlen, dass die Förderung der außerunterrichtlichen Medienbildung sowohl auf die Finanzierung einzelner Medienbildungsangebote als auch auf die politischen Rah-

mensetzungen abzielt, die zur Unterstützung und Förderung medienpädagogischer Infrastrukturen notwendig sind (Gesellschaft für Medienpädagogik 2018).

15. Es wird empfohlen, den Medienbildungsauftrag des OKSH im OK-Gesetz des Landes Schleswig-Holstein differenzierter als eigenständigen Aufgabenbereich zu verankern.

8 Literatur

Albrecht, S., Revermann, Ch. (2016). *Digitale Medien in der Bildung.* Endbericht zum TA-Projekt. TAB-Arbeitsbericht Nr. 171. Berlin: Büro für Technikfolgen-Abschätzung beim Deutschen Bundestag (TAB).

Aßmann, S., Brüggen, N., Dander, V., Gapski, H., Sieben, G., Tillmann, A., & Zorn, I. (2016). *Digitale Datenerhebung und -verwertung als Herausforderung für Medienbildung und Gesellschaft. Ein medienpädagogisches Diskussionspapier zu Big Data und Data Analytics.* In: M. Brüggemann, T. Knaus & D. Meister (Hrsg.), *Kommunikationskulturen in digitalen Welten.* München: KoPäd Verlag.

Baacke, D. (1997). *Medienpädagogik.* Tübingen: Niemeyer.

Baacke, D. (1999). *Was ist Medienkompetenz? Fünf Statements zu einem facettenreichen Begriff.* In: F. Schell, E. Stolzenburg, & H. Theunert, (Hrsg.). Medienkompetenz. Grundlagen und pädagogisches Handeln (S. 19 f.). München: KoPäd Verlag.

Badura, B., Greiner, W., Rixgens, P., Ueberle, M. & Behr, M. (2013). *Sozialkapital. Grundlagen von Gesundheit und Unternehmenserfolg* (2., erweiterte Auflage). Berlin: Springer Gabler.

Blömeke, S. (2001). *Analyse von Konzepten zum Erwerb medienpädagogischer Kompetenz. Folgerungen aus den Ansätzen von Dieter Baacke und Gerhard Tulodziecki.* In: B. Bachmair, D. Spanhel, & C. de Witt (Hrsg.). *Jahrbuch Medienpädagogik 2,* Opladen (S. 27 – 47). Opladen: Leske + Budrich.

Breiter, A. & Welling, S. (2013). *Landeskonzept Medienkompetenz in Niedersachsen.* Bremen: ifib GmbH.

Bröckling, G. (2018). *Orientierung als zentrales Moment kritischer Medienpädagogik.* In: merz, 63. Jg., Nr. 3, S. 16 – 23.

Der Ministerpräsident des Landes Schleswig-Holstein (Hrsg.) (2016). *Digitale Agenda Schleswig-Holstein.* 6. Dezember. Kiel.

Der Ministerpräsident des Landes Schleswig-Holstein (Hrsg.) (2017). *Informationen der Landesregierung zur Medienkompetenzvermittlung in Schleswig-Holstein.* 16. Januar. Kiel.

Der Ministerpräsident des Landes Schleswig-Holstein (Hrsg.) (2018). *Digitalisierungsprogramm Schleswig-Holstein.* Kiel. https://digitalisierung.schleswig-holstein.de/pdf/Digitalisierungsprogramm_Schleswig-Holstein.pdf. Zugegriffen: 05. Juli 2018

Deutsche Gesellschaft für Erziehungswissenschaft (Hrsg.) (2017). *Orientierungsrahmen für die Entwicklung von Curricula für medienpädagogische Studiengänge und Studienanteile.* Sektion Medienpädagogik.

Deutscher Ausschuss für das Erziehungs- und Bildungswesen (1960). *Zur Situation und Aufgabe der deutschen Erwachsenenbildung.* In: *Empfehlungen und Gutachten des Deutschen Ausschusses für das Erziehungs- und Bildungswesen 1953 – 1965, Gesamtausgabe* (Bd. 1966, S. 857 – 928). Stuttgart: Ernst Klett Verlag.

Deutscher Volkshochschul-Verband (2015). *Strategiepapier „Erweiterte Lernwelten".* Saarbrücken. https://www.dvv-vhs.de/themenfelder/erweiterte-lernwelten.html. Zugegriffen: 21. März 2018.

Europäische Kommission (2001). *Mitteilung der Kommission. Einen europäischen Raum des Lebenslangen Lernens schaffen.* Brüssel: Kommission der Europäischen Gemeinschaften.

Friedrich, K. (2017). *Bürger. Medien. Bildung – Warum Bürgerfernsehen ein unverzichtbarer Ort ist.* In: S. Förster, Vom Urknall zur Vielfalt. 30 Jahre Bürgermedien in Deutschland (S. 114 – 123). Leipzig: Vistas.

Gamper, M. & Schönhuth, M. (2016). *Ansätze und Verfahren der Visuellen Netzwerkforschung.* In: K. Lobinger (Hrsg.) (2016*). Handbuch Visuelle Kommunikationsforschung* (S. 1 – 27). Wiesbaden: Springer.

Gapski, H., Tekster, Th. & Elias, M. (2018). *Bildung für und über Big Data.* Gutachten im Rahmen von ABIDA – Assessing Big Data. Marl: Grimme-Institut.

Gergs, H.-J. (2016). *Die Kunst der kontinuierlichen Selbsterneuerung. Acht Prinzipien für ein neues Change Management.* Weinheim/Basel: Beltz.

Geisler, M. (2013). *gestern, heute, morgen – Ausblick auf die zukünftige Entwicklung des Jugendmedienschutzes.* In: H. Friedrichs, Th. Junge & U. Sander, U. (Hrsg.): *Jugendmedienschutz in Deutschland. Medienbildung und Gesellschaft* (S. 355 – 360). Wiesbaden: Springer VS.

Gerick, J. & Eickelmann, B. (2017). *Abschlussbericht im Rahmen der wissenschaftlichen Begleitung der Evaluation des Projektes „Lernen mit digitalen Medien" in Schleswig-Holstein.* Hamburg & Paderborn: Universität Hamburg & Universität Paderborn.

Gesellschaft für Medienpädagogik und Kommunikationskultur (Hrsg.). (2016). *Datafizierung des Lebens – ein medienpädagogisches Positionspapier der GMK und KBoM.* Bielefeld: GMK.

Gesellschaft für Medienpädagogik und Kommunikationskultur (Hrsg.) (2018). *Digitalisierung erfordert professionelle medienpädagogische Unterstützung.* Positionspapier der GMK. Bielefeld: GMK.

Gesetz über die Errichtung einer Anstalt öffentlichen Rechts Offener Kanal Schleswig-Holstein (OK-Gesetz) vom 28. September 2006 (GVOBl. Schl.-H. S. 204).

Glaser, B.G., & Holton, J. A. (2011). *Der Umbau der Grounded-Theory-Methodologie.* In: G. Mey & K. Mruck (Hrsg.), *Grounded Theory Reader* (2., aktualisierte und erweiterte Auflage), (S. 137 – 16). Wiesbaden: VS Verlag.

Griese, H. M. (2003). *Außerschulische Jugendbildung - was ist das eigentlich?* In: REPORT Literatur- und Forschungsreport Weiterbildung 2003 (1), Erwachsenenbildung und Demokratie (Seite: 235 – 244). http://www.die-bonn.de/id/1807. Zugegriffen: 21. März 2018.

Hattie, J. A. C. (2009). *Visible Learning. A synthesis of over 800 meta-analyses relating to achievement.* London & New York: Routledge.

Heinold-Krug, E. & Schäfer, E. (Hrsg.) (2012). *Qualitätsentwicklung in Bürgermedien. Qualitätsentwicklung als Motor der Organisationsentwicklung bei den Partizipationsmedien der Zivilgesellschaft.* TLM Schriftenreihe; Band 23. Berlin: Vistas Verlag.

Heinold-Krug, E. & Schäfer, E. (2013). *Qualitätsentwicklung bei den Thüringer Bürgermedien implementiert.* In: Zeitschrift für Sozialmanagement 11 (2013), 1, S. 63 – 73.

Jütte, W. (2002). Soziales Netzwerk Weiterbildung. Analyse lokaler Institutionenlandschaften. Bielefeld: W. Bertelsmann Verlag.

Jütte, W. (2014): *Kartierungen in der Weiterbildung. Methodische Impulse partizipativer und visualisierender Verfahren aus der qualitativen Netzwerkforschung.* In: M. Ebner von Eschenbach, S. Günther, & A. Hauser (Hrsg.). *Gesellschaftliches Subjekt Erwachsenenpädagogische. Perspektiven und Zugänge* (S. 114 – 123). Baltmannsweiler: Schneider Hohengehren.

Jütte, W. (2016). *Netzwerke und informelles Lernen.* In: M. Harring, M. D. Witte, & T. Burger (Hrsg.). *Handbuch informelles Lernen. Interdisziplinäre und internationale Perspektiven* (S. 561 – 575). Weinheim: Beltz Juventa.

Knaus, T., Meister, D., M. & Tulodziecki, G. (2017). *Futurelab Medienpädagogik: Qualitätsentwicklung – Professionalisierung – Standards.* In: MedienPädagogik. 24. Oktober. DOI: http://dx.doi.org/10.21240/mpaed/00/2017.10.24.X

Kultusministerkonferenz (Hrsg.) (2017). *Bildung in der digitalen Welt. Strategie der Kultusministerkonferenz.* Beschluss der Kultusministerkonferenz vom 08. Dezember 2016 in der Fassung vom 07. Dezember 2017. Berlin: Sekretariat der Kultusministerkonferenz.

Krotz, F. (2016). *Zukunft der Medienentwicklung. Die Bedeutung computervermittelter Kommunikation für das gesellschaftliche Leben.* In: Die Medienanstalten (Hrsg.), *Medienkompetenz* (S. 16 – 28). Leipzig: Vistas.

Krotz, F. (2018). *Orientierung durch Medien.* In: merz, 63. Jg., Nr. 3, S. 10 – 15.

Krüger, Th. (2018). *Demokratie.* In: weiter bilden. DIE Zeitschrift für Erwachsenenbildung, Ausgabe 2, S. 16 – 19.

Netzwerk Medienkompetenz Schleswig-Holstein (Hrsg.) (2010). *Medienpädagogisches Landeskonzept vom 19. November.* Kiel.

Niesyto, H. (2017). *Medienpädagogik und digitaler Kapitalismus. Für die Stärkung einer gesellschafts- und medienkritischen Perspektive.* In: Medienpädagogik. Zeitschrift für Theorie und Praxis der Medienbildung, Heft 27. http://www.medienpaed.com/article/view/435. Zugegriffen: 05. Juli 2018.

Opielka, M. (2006). *Gemeinschaft in Gesellschaft. Soziologie nach Hegel und Parsons.* 2. Aufl. Wiesbaden: Springer VS.

Rakebrand, Th. & Nitzsche, R. (2018). *#NoHateNoFake – ein Medienkompetenz-Projekt gegen Hass und Manipulation im Netz.* In: merz, 63. Jg., Nr. 3, S. 62 – 70.

Röll, F.J. (2017). *Bildungspotentiale der Bürgermedien am Beispiel der Offenen Kanäle.* In: S. Förster, Vom Urknall zur Vielfalt. 30 Jahre Bürgermedien in Deutschland (S. 141 – 149). Leipzig: Vistas.

Sandbothe, M. (2001). *Pragmatische Medienphilosophie. Grundlegung einer neuen Disziplin im Zeitalter des Internet.* Weilerswist: Velbrück Verlag.

Schleswig-Holsteinischer Landtag (Hrsg.) (2017). *Abschlussbericht zur Umsetzung des Projektes „Lernen mit digitalen Medien".* Bericht der Landesregierung. 18. Wahlperiode. Drucksache 18/5218 vom 2017-02-21.

Schäfer, E. (2012). *Bürgermedien in der digitalen Welt – Partizipative Strategien.* In: K. Lutz, E. Rösch & D. Seitz (2012) (Hrsg.). *Partizipation und Engagement im Netz* (S. 167 – 175). München: KoPaed Verlag.

ISÖ
Institut für
Sozialökologie

Schäfer, E. (2014). *Aufgaben, Funktionen und Entwicklungspotenziale der Bürgermedien – Die Partizipationsmedien der Zivilgesellschaft im Spiegel von EU-Empfehlungen.* In: BBE Europa-Newsletter 5/2014.

Schäfer, E. (2016): *Ein Modell für Qualitätskriterien von Medienbildung in Bürgermedien.* In: Die Medienanstalten (Hrsg.) (2016): *Medienkompetenz* (S. 38 – 49). Leipzig: Vistas Verlag.

Schäfer, E. (2017). *Lebenslanges Lernen. Erkenntnisse und Mythen über das Lernen im Erwachsenenalter.* Berlin: Springer.

Schäfer, E. & Lakemann, U. (2017). *Möglichkeiten, Bedingungen und Umsetzung einer inklusiven Erwachsenenbildung in Thüringen – Ergebnisse einer empirischen Untersuchung.* In: Zeitschrift für Sozialmanagement, Band 15, Nummer 1/2, S. 109 – 121.

Scharmer, C. O. (2009). *Theorie U. Von der Zukunft her Führen.* Heidelberg: Carl-Auer Verlag.

Scharmer, C. O. & Käufer, K. (2014). *Von der Zukunft her führen. Theorie U in der Praxis.* Heidelberg: Carl-Auer.

Schorb, B. (2017). *Offene Kanäle, der Kern der Bürgermedien.* In: S. Förster, Vom Urknall zur Vielfalt. 30 Jahre Bürgermedien in Deutschland (S. 220 – 226). Leipzig: Vistas.

Senge, P. M. (2011): *Die Fünfte Disziplin. Kunst und Praxis der lernenden Organisation.* Stuttgart: Schäffer-Poeschel.

Straus, F. (2013). *Das Unsichtbare sichtbar machen. 30 Jahre Erfahrungen mit qualitativen Netzwerkanalysen.* In: M. Schönhuth, M. Gamper, M. Kronenwett, & M. Stark (Hrsg.). *Visuelle Netzwerkforschung. Qualitative, quantitative und partizipative Zugänge* (S. 33 – 58). Bielefeld: transcript.

Theunert, H. (1999). *Medienkompetenz: Eine pädagogische und altersspezifisch zu fassende Handlungsdimension.* In: F. Schell, E. Stolzenburg & H. Theunert (Hrsg.). *Medienkompetenz: Grundlagen und pädagogisches Handeln* (S. 50 – 59). München: KoPäd Verlag.

Thimm, C. (2018). *Plädoyer für eine digitale Werteordnung.* In: weiter bilden. DIE Zeitschrift für Erwachsenenbildung, Ausgabe 2, S. 25 – 29.

Thissen, F. (Hrsg.) (2017). *Lernen in virtuellen Räumen. Perspektiven des mobilen Lernens.* Berlin/Boston: Walter de Gruyter.

Tulodziecki, G. (1998). *Entwicklung von Medienkompetenz als Erziehungs- und Bildungsaufgabe.* In: Pädagogische Rundschau 52, S. 693 – 709.

Willers, P. (2011). *Perspektiven des Offenen Kanals in Schleswig-Holstein.* In: 20 Jahre Offener Kanal in Schleswig-Holstein 1991 – 2011 (S. 32 – 38). Kiel: Einblatt Druck.

Willers, P. (2017). *Eigenwillig, stur, erfolgreich: OK in Schleswig-Holstein.* In: S. Förster, Vom Urknall zur Vielfalt. 30 Jahre Bürgermedien in Deutschland (S. 150 – 163). Leipzig: Vistas.

Willers, P. (2017a). *Offener Kanal und E-Learning.* Kiel. https://www.oksh.de/informieren/positionen/e-learning-im-buergersender/ Zugegriffen: 21. März 2018.

Zorn, I. (2017). *Gesellschaft, Big Data Analytics und datenerhebende Alltagstechnologien. Herausforderungen für die Medienpädagogik.* In: up 2 date, No. 1, S. 16 f.

ISÖ
Institut für
Sozialökologie

ISÖ-Text 2017-1

Zukunftsszenario Altenhilfe
Schleswig-Holstein 2030/2045

ZASH2045 - Zwischenbericht

Michael Opielka / Sophie Peter

ISÖ - Institut für Sozialökologie gemeinnützige GmbH
ISÖ - Institute for Social Ecology non-profit company

ISÖ
Institut für
Sozialökologie

ISÖ-Text 2017-2

Zukunftsszenario Altenhilfe
Schleswig-Holstein 2030/2045

Auswertung der Online-Beteiligung

Online-Tool   Beteiligung vor Ort   Projekt-Ergebnis

Michael Opielka / Sophie Peter

ISÖ - Institut für Sozialökologie gemeinnützige GmbH
ISÖ - Institute for Social Ecology non-profit company

ISÖ
Institut für
Sozialökologie

ISÖ-Text 2017-3

Zukunftsszenario Altenhilfe
Schleswig-Holstein 2030/2045

Auswertung der Zukunftswerkstätten

Michael Opielka / Sophie Peter

ISÖ - Institut für Sozialökologie gemeinnützige GmbH
ISÖ - Institute for Social Ecology non-profit company

ISÖ
Institut für
Sozialökologie

ISÖ-Text 2018-1

Zukunftsszenario Altenhilfe
Schleswig-Holstein 2030/2045

Ergebnisbericht

Michael Opielka / Sophie Peter

ISÖ - Institut für Sozialökologie gemeinnützige GmbH
ISÖ - Institute for Social Ecology non-profit company

Download und Bestellung: http://www.isoe.org/veroeffentlichungen/isoe-text/

ISÖ
Institut für
Sozialökologie

Impressum

ISÖ – Institut für Sozialökologie gemeinnützige GmbH

Tel.: +49 (0) 2241 1457073
Fax: +49 (0) 2241 1457039

Ringstraße 8
53721 Siegburg

Wissenschaftlicher Leiter und Geschäftsführer
Prof. Dr. habil. Michael Opielka

Förder- und Trägerverein
Sozialökologische Gesellschaft e.V. (gemeinnützig) - gegründet 1987

Mitgliedschaft
Mitglied der Arbeitsgemeinschaft Sozialwissenschaftlicher Institute e.V. (ASI)
Mitglied im Deutschen Verein für öffentliche und private Fürsorge

Homepage

www.isoe.org

ISÖ
Institut für
Sozialökologie